FAILLES

DU MÊME AUTEUR

L'EXIL, ENTRE L'ANCRAGE ET LA FUITE : L'ÉCRIVAIN HAÏTIEN
essai, Éditions Henri Deschamps, Port-au-Prince, 1990

TANTE RÉSIA ET LES DIEUX
nouvelles, L'Harmattan, Paris, 1994

LA PETITE CORRUPTION
nouvelles, Éditions Mémoire, Port-au-Prince, 1999 ; Mémoire d'encrier,
Montréal, 2003 ; Legs édition, Port-au-Prince, 2014

DANS LA MAISON DU PÈRE
roman, Le Serpent à plumes, Paris, 2000 ; SW Poche, 2015

LA FOLIE ÉTAIT VENUE AVEC LA PLUIE
nouvelles, Presses nationales d'Haïti, Port-au-Prince, 2006 ; Legs édition,
Port-au-Prince, 2015

LA COULEUR DE L'AUBE
roman, Sabine Wespieser éditeur, 2008 (prix RFO 2009) ; SW Poche, 2016

FAILLES
récit, Sabine Wespieser éditeur, 2010 ; SW Poche, 2017

GUILLAUME ET NATHALIE
roman, Sabine Wespieser éditeur, 2013 ; Points, 2014

BAIN DE LUNE
roman, Sabine Wespieser éditeur, 2014 (prix Femina, 2014) ; Points, 2015

YANICK LAHENS

FAILLES

récit

SABINE WESPIESER ÉDITEUR
13, RUE SÉGUIER, PARIS VI
2017

Celui-ci pour Philippe et Jacques-Olivier
Lissa, Alain et Noah
Pour les amis du samedi matin,
Ceux du dimanche, matin et soir,
Ils se reconnaîtront
Pour Alix et Fabienne
Pour Roody
Pour ceux qui, le 12 janvier 2010, sont partis
vers le pays sans chapeau

Il y a les plus hauts plateaux d'Haïti, où un cheval meurt, foudroyé par l'orage séculairement meurtrier de Hinche. Près de lui son maître contemple le pays qu'il croyait solide et large. Il ne sait pas encore qu'il participe à l'absence d'équilibre des îles. Mais cet accès de démence terrestre lui éclaire le cœur : il se met à penser aux autres Caraïbes, à leurs volcans, à leurs tremblements de terre, à leurs ouragans.

SUZANNE CÉSAIRE
Le Grand Camouflage
(Écrits de dissidence 1941-1945)

Yo di yo fò
yo di yo konnen
se pa mwen ka p di yo
tout sa yo bezwen konnen

Ils disent qu'ils sont forts
Qu'ils savent
Ce n'est pas à moi de leur dire
Tout ce qu'ils veulent savoir

Chanson traditionnelle,
reprise par le chanteur Azor

Notre monde n'a pas besoin d'âmes tièdes. Il a besoin de cœurs brûlants qui sachent faire à la modération sa juste place.

ALBERT CAMUS
Combat, 26 décembre 1944

1

Il était une fois une ville

Nous l'aimions, malgré sa façon d'être au monde qui nous prenait souvent à revers de nos songes. Nous l'aimions têtue et dévoreuse, rebelle et espiègle. Avec ses commotions d'orage et de feu. Avec sa gouaille au mitan d'un déhanchement de carnaval. Ses secrets invincibles. Ses mystères maîtres des carrefours la nuit. Ses silences hallucinés. Les cuisses lentes de ses femmes, les yeux de faim et d'étincelles de ses enfants, les apparitions phosphorescentes de ses dieux. Pour la douceur-surprise-et-couleur dans les nuages en feu dans sa baie l'après-midi.

Nous l'aimions malgré sa misère. Malgré la mort qui selon la saison longe les rues à visage découvert. Sans remords. Sans même ciller. Nous l'aimions à cause de son énergie qui déborde, de sa force qui pouvait nous manger, nous avaler. À cause des enfants des écoles en uniforme qui l'enflammaient à midi. À cause de son trop-plein de chairs et d'images. À cause des montagnes qui semblent sans cesse vouloir avancer pour l'engloutir. À cause du toujours trop. À cause de cette façon qu'elle avait de nous tenir et de ne pas nous lâcher. À cause de ses hommes et de ses femmes de foudre. À cause de... À cause de...

Et je l'aimais dans ces minutes fugaces où une journée inondée de lumière coule jusqu'à un crépuscule alangui de mauve et d'orange. Ces minutes où, des quatre coins de la ville, des feux montent des ordures empilées et nous brûlent les yeux. Ce moment où des pyromanes crucifient sa misère pour la faire taire. Où nous avancions apaisés, à moitié aveugles dans une brume mensongère, mais où nous avancions quand même. Ce moment où nous pouvions nous écouter les uns les autres des heures entières. Ce moment de la parole nue. Forte. Sans les oripeaux, sans les béquilles du monde. Ce moment où nous allions chercher la parole très loin ou à fleur de vie. Les paroles qui arrivaient de ces terres étaient lointaines, douces, secouées de rires, déchirées, brûlées, fragiles, puissantes, précieuses.

Le 12 janvier 2010 à 16 heures 53 minutes, dans un crépuscule qui cherchait déjà ses couleurs de fin et de commencement, Port-au-Prince a été chevauchée moins de quarante secondes par un de ces dieux dont on dit qu'ils se repaissent de chair et de sang. Chevauchée sauvagement avant de s'écrouler cheveux hirsutes, yeux révulsés, jambes disloquées, sexe béant, exhibant ses entrailles de ferraille et de poussière, ses viscères et son sang. Livrée, déshabillée, nue, Port-au-Prince n'était pourtant point obscène. Ce qui le fut, c'est sa mise à nu forcée. Ce qui fut obscène et le demeure, c'est le scandale de sa pauvreté.

Le 12 janvier 2010 à 16 heures 53 minutes, le temps s'est fracturé. Dans sa faille, il a scellé à jamais les secrets de notre ville, englouti une partie de notre âme, une âme qu'elle nous avait patiemment taillée à sa démesure. Dans sa faille, le temps a emporté notre enfance. Nous sommes désormais orphelins de cent lieux et de mille mots. Les rues jouent à colin-maillard, *lago kache*, avec nos souvenirs. Certaines façades sont des ombres, et des fantômes y rôdent déjà que nous croyons toucher des yeux.

Parce qu'on se fait au temps qui passe, inexorable, mais pas à sa chute si brutale.

Nous ne saurons plus quoi raconter à nos petits-enfants. Nos paroles de vieillards résonneront à leurs oreilles comme des ritournelles. Ils nous soupçonneront d'avoir perdu la raison et ne prêteront plus attention à ce que nos lèvres balbutieront. À ce que nos gestes dessineront devant leurs visages. Nos doigts noueux pour eux resteront à jamais muets.

Il était une fois une ville où les funérailles de l'église Sainte-Anne étaient aussi animées qu'un spectacle de la *commedia dell'arte*, où les scribes, assis sur un trottoir entre le Palais national et la direction générale des Impôts, vous refaisaient une identité à la demande.

Il était une fois une ville aux souvenirs-demoiselles et aux mots-qui-tremblent-et-sourient, cent fois réinventée par ses poètes :

> *Omabarigore la ville que j'ai créée pour toi*
> *En prenant la mer dans mes bras*
> *Et les paysages autour de ma tête*
> ....
> *Omabarigore où sonnent*
> *Toutes les cloches de l'amour et de la vie* *.

Il était une fois une ville où des pieds calleux se mêlaient à d'autres pieds calleux dans un marché aux cheveux de fer-raille, qui semblait se hisser pour regarder sa sœur jumelle sur les bords du Bosphore.

Il était une fois une ville où les âges se télescopaient dans une vertigineuse agitation : BlackBerry, *tap tap*, sono à fendre les oreilles, portefaix en sueur, 4 × 4, bitume et boue. *« Madanm fèm kado yon ti monnen tanpri **. »*

Il était une fois une ville où deux cathédrales côte à côte semblaient se chuchoter les récits de ses épopées anciennes,

---

* Davertige, *Anthologie secrète*, Mémoire d'encrier, Montréal, 2003.
** Madame, un peu de monnaie, s'il vous plaît.

ses soubresauts, toujours aussi imprévisibles que ses douceurs, et bien sûr ses sortilèges.

Il était une fois une ville où les arbres et les dieux veillaient la nuit :

> *Port-au-Prince dort*
> *et tout autour vacillent les plaines*
> *menant jusqu'à nos pieds leurs causeries de bois sec* *.

Il était une fois une ville où un homme et une femme avançaient dans le feu dévorant d'une rencontre...

... à Pacot. Sur ces hauteurs d'où l'on peut voir Port-au-Prince dans les feux du crepuscule.

C'est l'heure où on assiste à la montée du silence qui tamise le grand charivari des journées tournées et retournées...

Il était une fois une ville.

---

* Syto Cavé, *Mémoires d'un balai*, 1971.

2

FAILLES

FAILLES FUT LE PREMIER TITRE qui s'imposa à moi. Impossible d'entendre ce mot sans ressentir la pointe acérée d'un objet, là, dans la poitrine, à l'endroit du cœur. Impossible de l'entendre sans me retrouver au-dessus d'un grand trou béant avec dans les oreilles une rumeur qui gonfle, monte pour retomber en milliers de couteaux. À l'écoute de cette simple syllabe, je ne peux m'empêcher de regarder là, sous mes pieds. À l'écoute de cette simple syllabe, j'hallucine et sentirai comme des milliers d'autres, des jours durant, la terre trembler sous moi. Je me retiens quelquefois pour ne pas trébucher et défaillir.

Failles, un mot comme jamais entendu avant le 12 janvier 2010. Pas de cette façon-là. Un mot trou noir. Un mot sang. Un mot mort. Un mot ouvrant soudain en moi des résonances insoupçonnées.

Comment dans ces pages ne pas laisser entrer le dehors, l'inconnu qui surprend, dérange, déplace les bornes. Dans ces pages, aucune pensée exhaustive. Juste des allers et retours en équilibre précaire comme sur la crête d'une vague où j'essaie d'agiter des questions, de déchiffrer des ombres, de remuer des doutes. De comprendre. Sans réponse péremptoire, conclusive, définitive. Sans aucune de ces sentences totalitaires aussi meurtrières que les dalles du 12 janvier.

J'écris pour tenter de savoir.

Juste un peu plus.

Mais je ne guérirai pas.

Je ne veux pas guérir. Je n'écris pas pour guérir. J'écris pour tout miser à chaque page et conjurer la menace du silence ligne après ligne. En attendant de recommencer.

Oui. *Failles*, un mot comme jamais entendu avant le 12 janvier 2010. Affaissée, pliée sous le poids des images, la pensée par instants m'a semblé s'enfoncer, ne plus pouvoir avancer. Moment des pensées pétrifiées, balbutiantes, blanches. Blanches d'intensité contenue. Quelquefois blanches d'absence de mots.

Quels mots font le poids quand les entrailles d'une ville sont retournées, offertes aux mouches qui dansent dans la pestilence ? Quels mots font le poids face à des hommes et des femmes têtus, forcenés de vie, qui dans la poussière et les gravats de la mort s'acharnent à réinventer la vie de leurs mains ? Un homme silencieux traverse la rue, son fils disloqué comme une marionnette ensanglantée dans ses bras. Une femme, assise à même le trottoir, balance le torse d'avant en arrière et psalmodie tout bas, le bras allongé en direction d'une maison dont il ne reste plus rien.

Mais comment écrire ce malheur sans qu'à l'issue de la confrontation il n'en sorte doublement victorieux et la littérature méconnaissable ? Comment écrire pour que le malheur ne menace pas le lieu d'existence même des mots ? Question qui depuis si longtemps me tenaille et gicle au mitan de la nuit du 12 janvier. Comment écrire en évitant d'exotiser le malheur, sans en faire une occasion de racolage, un fonds de commerce, un article d'exhibition de foire ? Comment être à la hauteur de ce malheur ?

Cette terre des mots, la seule qui soit nôtre, à nous écrivains, se fissure et risque de craquer elle aussi si nous n'y prenons garde. Faille énorme sous nos pieds. Le temps de l'information, de la vitesse, de l'image, ronge du dedans le seul qui vaille la peine, le seul pour lequel l'écrivain devrait se mettre en danger et non point en représentation. Comment échapper à ce piège, pieds et mains liés ?

Écrire pour rapatrier ce malheur à sa vraie place. Au centre. Parce que ce qui nous a frappés le 12 janvier n'est point un malheur de périphérie, un malheur « quart-monde ». C'est le malheur du premier monde comme de tous les autres. Mon ami l'écrivain Émile Ollivier, aujourd'hui décédé, écrivait de son exil à Montréal : « Chaque matin, je m'éveille avec une douleur lancinante. J'ai beau prendre des analgésiques, je n'arrive pas à m'en défaire et chaque matin, elle me prend à la gorge : Haïti, Haïti, comment va ta douleur ?* » Il nous faut nous poser la même question mais l'étendre au monde : « Bonjour le monde, comment va ta douleur ? »

René Depestre a parlé avec justesse de la tendresse du monde pour Haïti. Le monde s'est penché, épanché, et a balbutié les premiers mots d'une solidarité qu'il annonçait comme nouvelle. Le temps de se dessiller les yeux, elle avait déjà pris les traits marqués de l'ancienne.

Les grands oiseaux de proie, si friands de la mort dont on peut se repaître, ont déployé leurs ailes. La belle nappe blanche des festins est déjà posée au-dessus de la faille.

Nous avons perdu la trace de nos rêves et, face aux urgences de fond, nous surfons en surface ou tentons encore de puiser dans des gisements depuis longtemps éteints.

Nous avons pourtant tous bien dit « refondation » ?

Mon utopie à moi a pris, le temps de quelques jours, les yeux de Makenson, de Nadia, de Feguens, le sourire de Gaétan, d'Erncia, de Peter, d'Eslain, la vitalité de Lissa, de Samy, de Narcisse, de Dady. C'était à la fin de février au camp de réfugiés du Pétion-Ville Club.

Au fil des jours, le rire invincible et chaud et sain a de nouveau giclé comme une bravade, un pied de nez au

---

* Émile Ollivier, *Repérages*, Leméac éditeur, Montréal, 2001.

malheur. Celui des enfants, Chloé, Alex, Sarah, celui de Noah par-dessus tout, un matin, a fendu le jour en deux comme une goyave. Entaille couleur rouge vie. Au goût de joie intacte. Au goût de soleil dans la bouche.

13 février. Intérieur nuit. Veille de la Saint-Valentin. Mondialisation oblige. Des mots désir, des mots connivence et attente, des mots peau contre peau ont crépité d'un poste de radio. Le journaliste arpente le camp des refugiés du Champ-de-Mars. Les voix de Kétia, d'Erwin et des autres, ardentes et juvéniles, ont allumé la nuit en doux feux conjurant tout malheur à venir.

Quand on revient de l'enfer, chaque baiser a un goût d'immortalité.

Cette nuit-là, j'ai sorti Nathalie et Guillaume, cet homme et cette femme dans les hauteurs de Pacot, cet homme et cette femme aux ombres à peine esquissées sur des feuilles jaunes, de mes décombres intérieurs, presque comme des êtres de chair. Avec les spectres désespérés qui les habitaient déjà, la même patience pétrie de rêves en marche et toujours cette quête de l'étreinte miraculeuse. Toujours. Toujours.

Ils m'ont accompagnée jusqu'à l'aube et ne m'ont plus jamais lâchée.

3

L'ÉVÉNEMENT OU LE DOIGT DE DIEU

JE SUIS AU LIVING AVEC NOAH, mon neveu. Deux ans et quatre mois. C'est le moment de notre pause conversation et lecture. Je commence à peine à lui épeler le monde et lui, les mains sous le menton, est attentif comme pour le début d'un voyage. Les enfants sont comme les navigateurs. Où que se pose leur regard, c'est l'expédition et le grand large. Dans le livre du moment, *Je suis fou de Vava*, de Dany Laferrière, il a une attirance particulière pour ce monsieur en costume d'alpaga blanc, chapeau et chaussures impeccables, qui traverse les pages, imperturbable et droit comme un palmier, malgré l'agitation tout autour, malgré le soleil, la pluie et le « vieux vent Caraïbe ».

Une grenouille sortie de nulle part saute dans le bac d'une plante. J'abandonne Noah. Je vais en direction de la grenouille. Je voudrais que Noah me rejoigne. Question de parler de quelque chose de bien vivant, là, sous nos yeux. Je l'appelle avec assez de mystère et d'étonnement dans la voix pour l'arracher à son livre d'images.

Mais, au lieu de la voix de Noah, c'est un grondement sourd, le rugissement d'une bête, qui me répond et, dans la fraction de seconde qui suit, je sens la terre bouger, d'ouest en est, en un mouvement terrible. Se déplacer de deux mètres dans chaque sens comme si la bête lovée dans ses entrailles voulait en sortir.

Je ne sais pas comment je suis arrivée jusqu'à l'encadrement de la porte (un blanc total dans ma mémoire), mais cette image de moi debout, elle est là dans ma tête. Elle ne me quitte pas et ne me quittera plus. Je me revois tenant de la paume des mains chaque côté de cet encadrement pour ne pas tomber mais aussi comme pour empêcher la maison de s'écrouler. À ce balancement d'ouest en est viennent s'ajouter des mouvements de haut en bas. Je tourne la tête à gauche et je vois ma voiture sautiller et j'attends le moment où elle va se mettre à avancer toute seule et descendre jusqu'à la ravine derrière.

Après coup, je découpe en morceaux les trente secondes que dure la secousse. Et je me dis que c'est fou, le nombre incroyable de pensées et d'images qui peuvent vous traverser l'esprit en trente secondes. Elles s'entrecroisent, se heurtent, même si dans ma tête je sais tout de suite qu'il s'agit d'un tremblement de terre et que je prononce le nom de l'ingénieur Claude Prépetit, le sismologue haïtien qui depuis plusieurs mois s'évertue à annoncer à travers les ondes l'imminence d'un séisme. Il a prêché dans un désert presque total. Nous n'étions pas assez nombreux à avoir pris au sérieux ses propos. Je m'en rendrai compte par la suite en parlant autour de moi. Mais sur le coup la peur est plus forte que cette certitude, et je crie quand même : « Mon Dieu, ce n'est pas possible. » Allez comprendre !

Nous courons tous vers le portail, B., mon fils cadet, silencieux comme une tombe, ma mère qui a eu un mal fou à se lever de sa chaise, Idana et Maxo. Une rumeur monte de partout comme une houle, un seul grand cri : *« An mwe !!! Sekou !!! Letènèl *!!! »*

L., un voisin, entrouvre le portail, glisse la tête et me demande si je vais bien. Je lui réponds : « Oui et toi ? » Je le sens au bord du malaise, les yeux exorbités.

« Sa ka p pase ? me demande-t-il.

– *Yon tranblemann tè.*

– *Kisa ** ? »*

Au bout de la rue, trois corps sur la chaussée. Les murs du Centre culturel brésilien se sont effondrés sur eux. Avec G. et quelques autres, nous les acheminons vers la maternité à l'angle. Ils ne sont pas morts. L'émotion est intense.

---

* À moi !!! Au secours !!! Dieu l'Éternel !!!
** Qu'est-ce qui s'est passé ?/ Un tremblement de terre./ Quoi ?

Vers la place Boyer, à quelques mètres de l'impasse, des hommes et des femmes agenouillés, les bras levés au ciel, les yeux fermés, appellent l'aide de Dieu : « *Letènèl, pitye pou nou.* » Un homme demande pardon pour ses fautes : « *Padon, Seyeur, padon.* »

Première et deuxième répliques. Les communications téléphoniques sont coupées. De toute façon, dans mon affolement, j'ai oublié mon portable à l'intérieur de la maison. Je n'y ai même pas pensé. J'essaie de joindre P. par le téléphone de L. Sans succès. A., mon frère, arrive en courant une demi-heure après et m'annonce que P. a réussi à le joindre. Il est coincé au sous-sol de son lieu de travail. Je ne réalise pas très bien sur le coup ce que A. me dit. Il me demande les clés de ma voiture pour aller le chercher. Ne mesurant toujours pas l'ampleur des dégâts, j'ai la certitude en moi que P. reviendra comme tous les jours. Qu'il ne s'agit que d'un incident mineur. Ce ne fut pas un incident mineur, mais il est revenu. Tard, mais il est revenu. D'autres n'ont pas eu cette chance. D'autres, habités par cette même certitude, n'ont jamais vu revenir les leurs. La certitude n'a rien à voir avec le doigt de Dieu.

Troisième et quatrième répliques. Je vais quand même à l'intérieur de la maison récupérer mon téléphone. B. m'accompagne. Il a très vite surmonté sa peur. De la fenêtre de ma chambre, je regarde le bidonville de l'autre côté de mon mur. La rumeur monte aussi de là. Pourtant, là non plus, pas une maisonnette effondrée. Rien.

Nous prenons place sur les chaises qui sont en permanence devant mon portail, là où des jeunes et des moins jeunes s'installent pour leurs conversations quotidiennes. Tous les habitants de notre impasse ont quitté leurs maisons. Les chaises ne suffisent pas. Les plus braves vont en chercher à l'intérieur, la peur dans l'âme. Nous voilà tous assis en cercle. Parlant à peine ou racontant pour la cinquième ou la sixième fois ce que nous étions en train de faire au moment de la secousse. Nous échangerons tout ce soir-là, l'eau, les biscuits, le pain, le beurre de cacahuètes... Seules quelques radios fonctionnent. J'arrive à capter Signal FM et RFI. Pas question d'aller chercher mon ordinateur sous la dalle de béton. À l'écoute des premières nouvelles (effondrement du Palais national, de l'immeuble logeant la MINUSTAH, de l'hôtel Montana...), l'angoisse s'installe, sans que je mesure pour autant l'ampleur de la catastrophe.

De temps en temps je serre Noah entre mes bras. Très fort. Il est étrangement silencieux, lui d'habitude si bavard. À l'arrivée de son père, il essaie d'expliquer quelque chose à quoi personne ne prête vraiment attention. B. est assis à mes côtés. Il m'entoure les épaules quelques secondes.

La nuit descend vite. P. m'appelle enfin à 18 h 30. Il est sorti mais a du mal à me raconter ce qu'il a vécu, à me décrire ce qui se passe sous ses yeux.

Je pense à mon fils à New York. Je ne peux pas le joindre pour le rassurer. Je ne peux pas joindre ma sœur à Miami, mes parents en ville, mes parents en France, mes amis de partout.

À son retour, ma voisine de droite, J., nous apprend que Micha, son compagnon, un militant politique de longue date, est coincé sous les décombres du ministère de la Justice. Elle lui a parlé cinq minutes avant le séisme et a pu le joindre après. Il est blessé à la jambe, souffre, mais a le moral. S., ma voisine de gauche, est arrivée très tard. Sa sœur est coincée sous les murs effondrés de l'école qu'elle dirige. Elle a parlé. Elle est en vie elle aussi. L'attente a fait son nid des deux côtés de la maison.

Toute la famille élargie trouve refuge chez moi. Nous sommes désormais seize à occuper l'espace. Je rentre pour récupérer tout ce que je peux comme draps, couvertures et oreillers. J'ai remarqué en passant que ma bibliothèque s'était renversée. Les livres sont étalés sur le sol et tout le long de l'escalier qui mène au sous-sol. Aucun sentiment ne me traverse sauf la certitude qu'ils vont rester longtemps en l'état. Mon énergie est ailleurs.

P. revient vers 21 heures. Il a mis trois heures trente à faire un trajet qu'il parcourt d'habitude en une demi-heure.

Nous sommes accrochés à ses lèvres. P. a du mal à parler. Mais en dit assez pour que nous commencions à comprendre. Il me dit : « J'ai vu l'Apocalypse. » J'ai pensé à cette phrase de mon dernier roman que j'avais trois fois écrite, puis enlevée, puis finalement récrite : *L'Apocalypse a déjà eu lieu tant de fois dans cette île...* Elle m'avait poursuivie bien après la parution du roman. Je m'étais souvent demandé si je n'étais pas allée trop loin. Mais l'expression me semblait convenir à une période récente de notre histoire où précisément la mort longeait les rues sans crainte. Et comme ce n'était pas la seule période où nous avions frôlé le pire, je me sentais autorisée à l'écrire. Ce soir-là j'avais le sentiment que cette phrase me rattrapait à nouveau. D'une autre façon. Mais qu'elle me rattrapait quand même.

4

Le ciel des tropiques, le soir, en cette saison

J'aime particulièrement le ciel des tropiques en cette saison. Étoiles à profusion. Beauté donnée, offerte, sans effort. Sans rien en retour que ce pur plaisir. Le ciel semble descendre, se pencher dans sa bienveillance pour nous faire toucher les étoiles.

Le goût du ciel en cette saison remonte à loin, très loin. Un soir de mon enfance. Nous sommes à Obléon à la fin d'un mois de décembre ou au début de janvier. Obléon est à mille deux cents mètres au-dessus du niveau de la mer. Je suis assise dehors sous une couverture de laine avec d'autres enfants. Un adulte raconte des histoires. Les autres rient. Moi pas. Je suis ailleurs. Je n'entends même pas ce que la voix dit. Je suis tout entière dans la beauté du ciel, qui est telle qu'elle m'effraie, me cloue le bec et l'âme. J'ouvrirais la bouche qu'aucun son n'en sortirait. Aucun.

Et puis, dans mon souvenir, je sais que j'ai apprivoisé ma peur à mesure, imaginant qu'en tendant les mains, les étoiles me tomberaient dans les paumes. Qu'elles me raconteraient les légendes de vent de sable dans la gorge des griots, celles de neige et de soleil de minuit des terres du Grand Nord, et le rire des femmes qui s'en vont pieds nus dans la poussière de l'Ancien Testament.

Ce ciel m'a toujours manqué quand je me suis retrouvée sous d'autres latitudes en cette saison. Ailleurs où les ciels ne sont pas si chargés d'autres temps, si chargés d'autres ciels, où les ciels ne sont pas si voyageurs.

Je m'en rends compte après coup. Jamais je n'ai regardé le ciel ce soir du 12 janvier, contrairement à mes habitudes. Il m'aurait paru tellement déplacé, faux et arrogant au-dessus du malheur. Un ciel comme une robe de mauvais goût. Au clinquant trompeur.

Nous dormons tous dans les voitures. Sauf P. Il refuse et me dit que, s'il n'est pas mort cet après-midi-là, il ne mourra pas de si tôt.

À travers la vitre de la voiture, je contemple la masse sombre des arbres tout contre l'obscurité. Lentement la nuit du dehors rencontre celle du dedans. Toutes les faims, toutes les soifs du jour, assaillent dans ces heures-là. Aujourd'hui elles sont énormes. Je pense à P. qui a échappé à la mort, à mon fils sans nouvelles de nous. Aux morts et aux blessés que la radio annonce et à ceux qu'elle n'annonce pas. Des mots naissent dans ma gorge, silencieux, dans ma tête des images défilent en clair-obscur : Haïti. Pas une mais deux failles. Une histoire particulière, si particulière. Et encore plus de souffrance. De misère. Pourquoi nous ? Encore nous ? Comme si nous n'en avions pas eu assez. Fin 2009, une lueur au bout d'un long tunnel sombre. Lueur éteinte en moins d'une quarantaine de secondes. Comme si nous n'étions au monde que pour prendre la mesure du malheur. Encore et encore...

Les nuits sont fraîches. Je remonte la couverture. Je commence à imaginer l'au-delà de la nuit. Demain. Après-demain. Les jours d'après. La mère protectrice, animale, remonte de très très loin. M'envahit. Me submerge. Je me sens capable de mordre, de gravir des sommets, de rester éveillée des nuits durant pour les miens. Je me dirai, quelques jours plus tard, que c'est dans ce fonds immémorial, primaire, que j'ai puisé pour le personnage de la mère dans *La Couleur de l'aube*. Je me dis que je réfléchirai plus tard à toutes les théories féministes sur cette question.

En m'endormant, je me demande ce que je pourrai bien écrire face à cette chose énorme qui nous est tombée dessus. Qu'adviendra-t-il des notes griffonnées, de Nathalie et de Guillaume qui prenaient déjà forme entre les lignes du cahier jaune ?

La nuit se charge de pensées tristes.

5

Continents à la dérive

La définition du dictionnaire n'annonce en rien cette horreur qui nous a saisis le 12 janvier 2010. *Faille : cassure des couches terrestres accompagnée d'une dénivellation tectonique des blocs séparés.* Telle est la définition neutre, froide, classique, d'un phénomène géologique finalement assez fréquent et assez répandu. Phénomène qui pourtant en silence, millimètre après millimètre, fraction de seconde après fraction de seconde, se déroule à des kilomètres sous l'écorce terrestre. Phénomène inconnu pour la grande majorité des Haïtiens mais connu de certains d'entre nous qui avions choisi de l'oublier. Et puis, somme toute, la terre nous paraissait encore tout à fait ferme sous nos pieds. Alors pourquoi s'inquiéter ? Parce que ce métabolisme lointain et silencieux est d'une lenteur telle qu'il peut servir d'alibi à l'oubli, de prétexte à la passivité, d'excuse à l'ignorance.

Nous étions un certain nombre à savoir que Port-au-Prince avait été deux fois détruite au dix-huitième siècle et Cap-Haïtien une fois au dix-neuvième. Quelques-uns d'entre nous ont lu l'année dernière les rapports inquiétants sur la faille d'Enriquillo qui traverse le Sud de toute l'île, de la pointe ouest de Tiburon en Haïti jusqu'à la ville de Santo Domingo en République dominicaine. Les mêmes qui certainement ont aussi prêté une oreille attentive aux multiples alertes lancées par Claude Prépetit. Mais, rien ne bougeant en dessous de nous, la grande majorité a choisi le déni. Le déni est tellement plus commode. Tellement moins dérangeant. Le déni permet si aisément de se dérober, de ne pas exercer son pouvoir, si infime soit-il, par la prévention, et d'évoquer après coup le prétexte de l'impuissance qui paralyse. Mais cette propension au déni n'est pas seulement haïtienne. À l'échelle de la planète, nous avons oublié que la terre vit. Qu'elle a un âge, qu'elle passe par des cycles. Nous avons perdu la mesure de notre âge géologique. Nous avons perdu la mesure de l'espèce.

Ce même déni, nous l'affichons face aux grands déficits politiques, économiques et sociaux de notre île. Nous ne sommes pas plus attentifs en effet à ces phénomènes en surface que nous ne l'avons été à ceux qui se déroulaient en profondeur. Nous feignons de les ignorer alors qu'ils constituent des failles mortifères, qu'ils sont des lignes structurelles tout aussi meurtrières que les séismes. Pourtant ces événements en surface qui tissent la trame politique, économique et sociale se déploient, contrairement aux phénomènes souterrains, là, sous nos yeux : exode rural accéléré, paupérisation, dégradation de la production agricole et de l'environnement, chômage endémique. Sans compter les mauvaises nouvelles d'autres contrées que la télévision et la radio nous déversent tous les jours. Entre l'Irak, le Darfour, la bande de Gaza, le Congo, l'Afghanistan, la Somalie et la Tchétchénie, sans oublier les crises financières, la guerre des cartels au nord du Mexique, les catastrophes naturelles et les pollutions à grande échelle, il y a effectivement de quoi être pris de vertige face à un monde qui a perdu ses utopies motrices, ses anciens repères, implose à l'intérieur de ses réseaux et semble foncer sans boussole.

Si la lenteur des phénomènes souterrains nous a forcés à l'oubli, c'est paradoxalement la vitesse de ceux qui se déroulent en surface qui nous contraint à l'esquive et nous conduit donc au même déni. Comme si nous étions presque contraints de nous défaire de toutes ces mauvaises nouvelles pour éviter les cumuls, les embarras, les trop-pleins qui nous empêcheraient de faire face aux préoccupations d'une unique journée de notre unique vie. Alors on abandonne la partie, on ferme les yeux, simplement pour continuer à vivre notre petit cycle éphémère d'êtres vivants, du lever du soleil à son coucher, de la naissance à la mort, sans être constamment face à des ombres. C'est le déni quotidien qui fait que nous nous levons le matin, que nous amenons nos enfants à l'école, que nous passons huit heures entre les quatre murs d'un bureau, et que nous rentrons le soir à la maison en feignant de n'avoir rien vu, rien entendu.

Si pour certains c'est un déni pour tenter simplement de vivre, pour d'autres c'est un cynisme qui consiste à ne pas fermer les yeux et à ne pas s'embarrasser d'une âme. Regarder et conserver une part de son âme requiert un héroïsme dont peu sont capables, dont seuls sont capables ceux qui mouillent vraiment leur chemise. Regarder et conserver une partie de son âme requiert un héroïsme dont quelques-uns sont capables quelquefois. Quelques minutes ou quelques secondes. Par jour. Parfois. Et c'est tout.

Pourtant le 12 janvier 2010 a mis en évidence une catastrophe lancinante tout aussi dévastatrice que le tremblement de terre, notre bilan d'État-nation. Mais ce bilan est aussi celui des relations entre les pays du Nord et ceux du Sud. Haïti, première république noire, a été isolée par toutes les grandes puissances esclavagistes et/ou colonialistes. Punie pendant de longues décennies et sommée de payer une dette à la France pour avoir osé réaliser l'impensable pour l'époque, la conquête de sa liberté par un peuple nègre. L'expérience haïtienne est une matrice. Elle préfigure dès le début du dix-neuvième siècle la nature et les traits de ce qu'on appellera plus tard les relations Nord-Sud.

« Les États-Unis, en train d'inaugurer leur potentiel commercial, résument par la voix du président Jefferson les conditions dans lesquelles une Haïti indépendante ne causerait de tort à aucun de ces empires. Il suffit de ne pas permettre aux Noirs de posséder des navires. En un mot, Haïti peut exister comme un grand village de marrons, un *quilimbo* ou un *palenque*. Il n'est pas question de l'accepter dans le concert des nations*. » Mais l'expérience haïtienne annonce en partie aussi celle des pays du Sud entre eux.

Le 12 janvier a forcé le monde, le temps d'une parenthèse, si brève soit-elle, à sortir de l'amnésie, à être haïtien.

Et après ?

---

* Préface de Jean Casimir *in* Laurent Dubois, *Les Vengeurs du Nouveau Monde (Histoire de la révolution haïtienne)*, Harvard University Press, 2004 ; Les Perséides, coll. « Le Monde atlantique », Rennes, 2005 ; Éditions de l'université d'État d'Haïti, 2009.

6

LE LENDEMAIN

NOUS SOMMES *DÉSOUNIN*, dans une sorte d'hébétude. Des zombies. Selon la croyance populaire, une fois que le zombie goûte au sel, ses facultés cognitives reviennent. Le 13 janvier au réveil, je n'ai pas trop envie d'y goûter. Pas tout de suite. L'hébétude me sied parfaitement dans ces minutes cotonneuses, dans ces minutes entre lune et soleil. Sauf que les répliques, réelles ou imaginaires, viennent me rappeler à la réalité. J'hallucine comme la plupart des gens. Je ressens des secousses qui n'ont pas lieu.

La première pensée qui fait surface est celle d'un mauvais rêve, d'un cauchemar, d'autant que nous nous réveillons sous un ciel sans nuage. En cette saison et à ces heures matinales, le soleil est doux, la lumière comme un voile.

La deuxième est que je dois sortir pour aider, voir et savoir. Savoir ce qu'il est advenu d'amis, de parents.

La troisième est que je dois organiser la vie de la maison. Je vois au loin le spectre du manque d'eau, de nourriture, celui des épidémies. Tout ce que j'ai lu, vu ou entendu sur ces malheurs qui assurent une longue vie aux catastrophes défile dans ma tête. Mon côté saturnien refait vite surface. Je pense au pire et j'organise donc la maison en fonction de ce pire-là. Nourriture, eau et électricité à consommer avec mesure, bougies et lampes de poche sous la main.

Toujours pas d'électricité d'ailleurs. La génératrice fonctionne encore. Mais combien de temps tiendra-t-on s'il n'y a plus de gazole ? Cela fait partie des nombreuses questions que je me pose à propos des commodités dont on a pris l'habitude et dont je me dis qu'on devra peut-être apprendre à se passer. Des radios locales émettent, heureusement : Signal FM, Mélodie FM. À entendre la voix du journaliste de Mélodie FM, je dis : « Chapeau ! » Son épouse est la première personne dont on m'a annoncé la mort la veille.

Le centre de gravité de la maison a changé. Nous avons abandonné tout l'arrière, où se trouvent les chambres, pour nous contenter de la galerie et de la cuisine, qui donnent directement dehors. Le temps passé à se laver le matin ou le soir, ou à être assis sur le bol du WC, nous semble si périlleux que nous l'écourtons dans une angoisse sans pareille. Nous sommes des rats pris au piège : « Et si pendant que... » Et notre imagination gambade, et notre cœur commence à battre la chamade. Dans notre tête défilent les images d'un film où nous nous voyons prenant nos jambes à notre cou et ruisselants d'eau, entourés d'une simple serviette dans le meilleur des cas, ou le pantalon, ou la jupe, aux chevilles. Nous devrons vivre des jours où nous ne serons pas tout à fait lavés et aurons les intestins chargés de toxines.

Toujours impossible d'entrer en communication avec l'étranger. Le Comité olympique dominicain appelle mon frère A. Ils lui annoncent qu'ils seront à la frontière aux premières heures le lendemain matin. Le président Leonel Fernández est arrivé en hélicoptère. Je note d'autant plus le geste qu'il y a un peu plus d'un mois j'ai signé une pétition qui lui était adressée pour demander que les Haïtiens soient traités autrement et qu'il soit mis fin au déferlement raciste dans certains journaux dominicains. Je sais que ceci n'empêche en rien cela, et que tous les gestes des politiques sont toujours politiques, mais je suis disposée à observer. Qui ne connaît pas l'histoire des relations entre les deux îles ne peut mesurer ce qui se joue là.

Je décide d'une pause café. Le café est noir et sucré à point, comme je l'aime. Il n'est rien comme le café pour m'aider à me remettre les idées en place. Il s'est passé tant de choses en moins de seize heures. Je bois mon café sous un avocatier dans le jardin. L'oiseau charpentier frappe comme un forcené sur le tronc de l'arbre. C'est son activité favorite, qu'il n'abandonnera qu'à la tombée du jour. Les tourterelles roucoulent comme d'habitude, et en face de moi les hibiscus jaunes, rouges, orange et roses ont commencé à ouvrir leurs pétales. Force, acharnement de la vie. Je pense à un certain passage dans *Hiroshima mon amour*, que je retrouverai plus tard :

> *Le deuxième jour, dit l'Histoire, je ne l'ai pas inventé, dès le deuxième jour, des espèces animales précises ont resurgi des profondeurs de la terre et des cendres. [...]*
> *... du quinzième jour aussi.*
> *Hiroshima se recouvrit de fleurs. Ce n'étaient partout que bleuets et glaïeuls, et volubilis et belles-d'un-jour qui renaissaient des cendres avec une extraordinaire vigueur, inconnue jusque-là chez les fleurs.* *

Noah s'approche. Depuis son réveil il essaie de raconter à A., son père, et à P. ce qui s'est passé la veille. Il croit dur comme fer que c'est le grondement du moteur de la génératrice qui est à l'origine de tous ces bouleversements dans la maison. Il les prend par la main pour leur faire voir la bibliothèque renversée, les livres par terre, la table qui a volé en éclats, et ponctue son récit des mots qu'il m'a entendue prononcer : « Mon Dieu, ce n'est pas possible. » Il mettra désormais cette expression à toutes les sauces.

---

* Marguerite Duras, *Hiroshima mon amour*, Gallimard, 1960.

7

Pétion-Ville, Canapé-Vert,
Delmas et un savoir sophistiqué

P. est encore sous le choc de ce qu'il a vécu hier. A. est parti aider des amis en situation difficile. J'ai mis dans une boîte tout ce que j'ai dans ma modeste pharmacie, analgésiques, coton, sparadrap, eau oxygénée, etc... Et je saisis à la cuisine de grandes bouteilles d'eau. Ce n'est pas grand-chose, mais je le fais.

Dans les rues, une impression à la fois de film au ralenti et d'une accélération des images. Certains regardent leur cauchemar dans un îlot de solitude, les yeux intenses, sombres, tournés vers l'intérieur, d'autres accélèrent le pas. Pour ceux qui sont en voiture, c'est pareil. Il y a ceux qui veulent garder le malheur sous surveillance et ceux qui veulent le prendre de vitesse. Je ne sais pas encore à quelle catégorie j'appartiens, mais j'avance dans Pétion-Ville.

Je roule en écoutant la radio égrener les mauvaises nouvelles : les sms de personnes coincées sous des décombres.

On croit entendre la détresse, la panique et l'horreur dans les mots. Appels à l'aide de parents. Appels à ceux qui ne sont pas rentrés mais qu'on espère voir revenir. Trois cents étudiants piégés sous les gravats de l'université de Port-au-Prince. De même à la faculté de Linguistique, à l'École nationale des infirmières. Le commissariat de Delmas s'est effondré avec tout le personnel présent, le ministère des Affaires étrangères, la direction générale des Impôts, et j'en passe et j'en passe...

Je m'arrête dans une clinique populaire non loin de la maison. Je vois pour la première fois des morts alignés à même le sol. On les a recouverts d'un drap. Quelques mouches dansent déjà au-dessus d'eux. Je vais vers un jeune médecin haïtien qui tente de gérer au mieux une situation difficile. Je lui tends la boîte et les bouteilles d'eau. Une infirmière les reçoit. Le jeune médecin est en sueur. Il me remercie et retourne à ces hommes, à ces femmes et à ces enfants qui gémissent. Certains n'ont même plus la force de le faire.

Je roule vers le Canapé-Vert. La zone n'a rien d'un canapé, son relief est plutôt montagneux, et elle n'est plus verte depuis longtemps déjà. Du côté gauche, des maisonnettes réduites en poussière, celles à flanc de montagne comme celles dans la ravine en bordure de route. Du côté droit, des maisonnettes se sont littéralement décrochées de la montagne comme des dents arrachées. Paysage saccagé, passé au mortier. La misère est encore plus frappante quand on fouille dans ses entrailles. Le séisme lui a retourné les viscères comme pour nous convaincre, si nous n'étions pas encore convaincus. Sur les trottoirs, des corps, des corps, encore des corps que l'on a portés jusque-là.

Des deux côtés de la route, des hommes, des femmes et des enfants se déplacent. Portant une valise, un baluchon ou un matelas sur la tête, des cuvettes en plastique, un réchaud, quelques ustensiles. Un vieillard ratatiné et maigre est transporté par deux hommes robustes. Ce sont des images déjà vues à la télévision, dans des magazines ou au cinéma. C'est fou ce qu'on peut lire, voir et emmagasiner avec les revues, la télé ou le cinéma. C'est fou ce que les malheurs du monde se ressemblent.

Je ne peux pas savoir quelle forme prendra ce déplacement de population, exode vers les provinces certainement, mais, dans l'espace urbain, je ne sais pas. Ce dont je suis certaine, c'est que ces femmes et ces hommes lâchés le long des routes ont un flair, un nez bien à eux. Cela fait deux siècles qu'ils ne croient plus ni aux gouvernements, ni aux promesses des hommes politiques, ni à celles des pouvoirs économiques, ni à celles des intellectuels, ni à moi, ni à vous. Quand il leur est arrivé de croire, ils ont toujours vite déchanté. La défiance est aujourd'hui endémique, structurelle. Et pour cause. Cela fait deux siècles qu'ils ont pris le pli d'avancer seuls dans l'histoire. Sans personne pour leur tenir la main ou leur indiquer un chemin. Cela fait deux siècles qu'ils esquivent tous les gouvernements, tous les hommes politiques, tous les pouvoirs, avant même que ces gouvernements, ces pouvoirs ou ces hommes les ignorent. Ils ont cette longueur d'avance là qui fait qu'ils les prennent tous toujours de court.

Aujourd'hui, plus aucun gouvernement, plus aucune instance internationale, plus aucune ONG, ne peut les rattraper. Ils sont réfractaires à toute prise. Ce flair est bien plus qu'une posture, mieux qu'une stratégie, c'est un savoir. La sophistication de ce savoir-là n'a rien à voir avec ce que l'on enseigne à Harvard, l'ENA, Oxford, ou ce qui s'analyse au FMI ou à la Banque mondiale. Il n'a rien à voir non plus avec le grand soir des socialistes, guévaristes, maoïstes ou trotskistes. Parce que ce savoir ne repose sur aucun espoir dans les pouvoirs ou dans des lendemains qui chanteront. Son postulat premier est précisément que l'espoir n'est pas la seule réponse.

Si l'exclusion a donné les résultats que nous connaissons, ce savoir-là peut-il être une issue aujourd'hui ?

Je ne sais pas.

8

Les mauvaises nouvelles, les bonnes aussi et les visites

Nous sommes coupés de l'extérieur. Pas d'Internet, pas de communications téléphoniques locales ou internationales, pas d'avions. Les Américains se sont installés à l'aéroport, qui n'est toujours pas fonctionnel.

J. m'apprend que les tentatives pour sortir Micha des décombres n'ont pas encore abouti. Mais qu'elle a pu mobiliser quatre pompiers qui lui ont promis qu'en début de soirée ils l'aideraient. On n'a pas encore pu extraire la sœur de S. des gravats de son école. Mais tous les deux communiquent encore avec leurs proches.

Quelqu'un me demande de recueillir une jeune femme à la maison. Nous l'appellerons V. V. est arrivée d'une ville de province. Elle a fait trois cents kilomètres en voiture. Pour essayer de retrouver le corps de son compagnon sous les décombres de l'hôtel Montana. Son fils de huit ans et sa fille de six sont restés à son domicile. À son arrivée, elle sourit.

Elle trouve la force de sourire. Nous faisons de même. Espère-t-elle le retrouver vivant ? Je ne sais pas. Elle sourira tous les matins, avant de se rendre dès 7 heures à l'hôtel, et à son retour, à la tombée de la nuit. Je vivrai durant quinze jours une attente de seconde main, une attente que je ne mesure qu'à l'aune d'une procuration. L'attente d'un homme que je ne connais pas. Une attente malgré tout insupportable.

Des amis venus de Cité Soleil * jusqu'à Pétion-Ville me rendent visite, le temps d'une pause café. Nous avons gardé des liens depuis qu'ensemble nous avons affronté bien des dangers en 2003 et 2004 face à la violence aveugle des partisans du prophète-président, armés jusqu'aux dents. Encore une histoire à écrire, encore des clichés à abattre. Vaste programme !

Beaucoup d'amis feront un saut jusque chez moi, des parents aussi. Roody et Lélène, Louis-Philippe, Maxime qui arrive de Léôgane, ville détruite à quatre-vingts pour cent. Il me fait le récit du sauvetage de ses parents âgés, avec cet humour qui n'appartient qu'à lui et qui me fait enfin goûter à nouveau à la dérision, celle qui retourne le malheur comme un gant. Les mots de Roody sont les mêmes que dans ses éditoriaux. Ils ont la tranquillité et la beauté des lacs. Dans un pays de bruit et de fureur médiatique, Dieu que tes mots nous font du bien, Roody ! Avec Louis-Philippe, nous évoquons

---

* Cité Soleil : le plus grand bidonville de la zone métropolitaine.

45

les tremblements de terre de l'Aquila. Sa femme est originaire de la région. Il me raconte la noirceur d'un autre cauchemar. Louis-Philippe ne veut pas encore repartir en France. Il ne veut pas laisser si tôt son frère, et ses amis, et son pays de cœur. Nous, les travailleurs des mots, évoquons pourtant tous les deux le peu de poids des mots face à ce qui nous est arrivé. La discrétion est de mise.

Les connivences ont une belle couleur dans ces moments-là.

La maison est pleine comme un œuf. A. s'est démené comme un diable tous les jours pour que nous ne manquions ni d'eau ni de nourriture essentielle. De partout nous parviennent des récits d'actes de solidarité et d'incroyable entraide. Une fraternité agissant sans besoin de bouc émissaire, d'ennemi commun, motivée par la simple humanité. Breton avait parlé de « l'infracassable noyau de nuit ». Ici c'est un noyau infinitésimal de lumière. Mais il faut de la lumière pour voir l'ombre et vice versa. Haïti, terre par excellence du clair-obscur. Les Haïtiens ont été les premiers sauveteurs d'eux-mêmes, on ne l'a peut-être pas assez dit. Que de choses non dites ou pas assez ! Cette entraide toutes catégories sociales et toutes couleurs confondues. Une épiphanie. Dans un pays de si grande exclusion et d'apartheid. La pierre d'attente est donc là. Mais, précisement, elle attend.

Nous nous racontons des dizaines de fois ce que nous faisions à 16 heures 53 minutes, au moment du séisme. Pour nous convaincre que le doigt de Dieu nous a épargnés cette fois-ci. Avec les mots, nous nous touchons pour nous rassurer. Nous mangeons serrés, agglutinés les uns aux autres. Une manière de nous sentir davantage en vie. Cette chaleur toute proche, à portée de main, est un baume. Nous nous aimons sans rien nous dire. Encore abasourdis par le miracle d'être en vie. Nous nous aimons très fort.

À 19 heures précises, à quelques mètres de chez moi, place Boyer, un pasteur crie dans un porte-voix que Jésus est l'unique solution, le seul recours. La foule répond en chœur que Jésus viendra nous sauver. Ils chanteront ainsi tous les soirs une heure durant. Je pense au pasteur Jeantilus dans mon roman : *Du haut de sa chaire comme d'une montagne, il souffle à pleins poumons la parole de Dieu. On dirait un vent qui s'engouffre au plus profond d'un bois agitant la crête des arbres en branches folles. Yeux fermés, âme tendue, il éprouve sa voix et son pouvoir sur cette vallée humaine. Et tant qu'il parle nous crions « Amen » et « Que votre nom soit béni Seigneur Jésus ». Et nous balançons les bras de droite à gauche. « Alleluiah ! Alleluiah ! »*

J. revient désespérée. Alors que les pompiers étaient à deux doigts de sortir Micha, une rumeur a couru qu'un tsunami allait tout emporter au bas de la ville. Une foule immense, les yeux exorbités, hurlant sa peur, a fui le bas de la ville, créant une panique telle que même les pompiers ont abandonné les recherches et pris leurs jambes à leur cou. Micha est arrivé à lui parler. L'espoir de J. tient à ces quelques mots. Il lui a dit qu'il ne savait pas s'il tiendrait encore longtemps. Mais elle espère. Je prépare du thé à la citronnelle. Nous le buvons en silence. Je ne sais pas quoi lui dire. Et je n'ai toujours pas regardé le ciel. Dans ma poitrine ce nœud qui ne se défait pas.

Encore une nuit dans les voitures. Des douleurs à l'épaule gauche. Je somatise déjà.

9

Haut de Turgeau, Delmas, Debussy et Pacot

Les Dominicains ont été là dès les premières heures du jour. Ils distribueront pas moins de sept cent cinquante mille repas chauds, cinq cent mille kits de nourriture et un million de litres d'eau avant l'arrivée massive de l'aide d'ailleurs. L'aéroport est déjà fonctionnel. Certains crient au déshonneur et à l'occupation. Les Américains sont nos voisins les plus puissants, les Dominicains partagent l'île avec nous. Comment attendre des naufragés que nous sommes, quarante-huit heures après ce désastre, que nous exigions de ces premiers sauveteurs qu'ils déclinent leur identité et qu'ils demandent pardon pour leurs fautes d'antan avant que nous attrapions la main qu'ils nous tendent ? Difficile en effet. Mais, passé ce premier moment, la proximité et la puissance serviront d'alibis commodes. Trop commodes pour d'autres visées. Mais quand définirons-nous enfin les nôtres ?

Internet fonctionne finalement. Ma boîte croule sous les messages. Je réponds à mon fils aîné, à ma sœur. Je réponds aux autres parents et amis. Sabine, mon éditrice, est on ne peut plus inquiète. Leurs messages sont laconiques mais en disent long sur leur angoisse. Je les rassure tous. Immense soulagement pour les membres de la famille en Haïti. Enfin des nouvelles. Des dégâts matériels sérieux pour quelques-uns, mais ils ont tous la vie sauve.

Sur le chemin vers Pacot, le haut de Turgeau et Debussy, je croise Anderson Cooper, célèbre journaliste de CNN. Tee-shirt noir, assis à l'arrière d'un pick-up. Une expression de stupeur dans les yeux, des plis au front. Il veut voir et témoigner comme des centaines d'autres qui défileront pendant des semaines et des semaines.

Le haut de Turgeau est méconnaissable. L'immeuble logeant le Centre national de l'information géo-spatiale est réduit à un tas de gravats. Paradoxalement ce Centre travaillait de concert avec des sismologues haïtiens et étrangers et devait livrer sous peu des cartes géologiques. Sous les gravats, Gina, rencontrée dans les années 1990, directrice du Centre, scientifique brillante qui s'est battue à la force de son poignet pour faire de cette institution ce qu'elle est aujourd'hui. Je pense à sa collaboratrice, Yolaine, ingénieur rigoureuse, première femme membre du conseil de direction de la faculté des Sciences. Tous leurs collègues sont décédés avec elles. Je pense à Nicole, jeune étudiante que j'ai connue à l'ENS, morte sous les décombres du ministère des Affaires étrangères, à Myriam et à Anne-Marie. Et à tant d'autres. Tant d'autres. Mais pire : à cette heure, dans les administrations publiques, n'étaient présents que ceux qui en constituent l'épine dorsale. L'épine dorsale d'un corps affaibli, agonisant, mais dont le souffle tenait du miracle quotidien. La faille nous a ravi quelques-uns de nos meilleurs cadres. Dans ce pays qui en manque déjà cruellement. Dieu que ce 12 janvier nous fait mal ! Cela, on ne le dira pas assez non plus. On préférera plutôt, sans nuance aucune, claironner l'incompétence et la corruption absolues de toute l'administration publique haïtienne. Ce que je ressens comme une injure à la mémoire de tous ces travailleurs et travailleuses de l'ombre, comme une seconde mort. Ce qui conforte malheureusement une certaine parole politique locale, une certaine parole politique de la diaspora, et fait l'affaire de certains décideurs internationaux, ONG comprises. Tous appliqués à renforcer l'idée de savane, de *palenque*, de *quilombo*. Idées qui font leur chemin depuis deux siècles et semblent encore avoir un bel avenir devant elles. Je m'inquiète pour A., fer de lance de la large plateforme de la société civile des années 2002 à 2004. Je ne peux même pas arriver jusqu'à sa maison plus haut.

La partie résidentielle est tout aussi dévastée. Des familles entières pleurent. La route qui mène jusqu'à Debussy est un champ de ruines. Pas une maison n'a résisté au choc. Pas une. Un cousin, C., médecin, habite encore plus haut.

Curieusement et heureusement, les secousses ont été moins fortes de sa résidence aux limites du quartier. Sa maison est du coup devenue l'unique lieu de secours de la zone. Deux cents blessés se sont installés dans sa cour et sur la chaussée devant chez lui. Il a soigné avec tout ce qu'il avait, aidé de sa femme, de ses sœurs et des voisins rescapés du séisme. Le lendemain, aux premières heures, ils ont creusé une fosse sur un terrain vague et ont enterré des dizaines de morts. Je regarde ce terrain vide de toute la force de mes yeux, comme si je pouvais entendre les murmures d'ombre de ces vies trop vite fauchées, comme si j'attendais que des silhouettes montent de la terre.

Je redescends par Pacot. Exprès. Je veux m'arrêter à l'endroit où j'avais toujours imaginé que Nathalie et Guillaume se rencontreraient pour la première fois, dans les pages du cahier jaune. La rue est méconnaissable. Au point que je dépasse l'emplacement où se trouvait l'immeuble. Quand je m'en rends compte, je fais marche arrière. À la place de l'immeuble, un vide. Rien. L'immeuble a basculé dans la ravine derrière. Rien. Plus rien. J'arrête la voiture et je me penche pour voir ce tas de gravats, ces murs en ruine. Tout à l'intérieur de moi, le nœud se resserre, à croire que mes personnages sont ensevelis là, sous les décombres, et que je suis dans l'impossibilité de les en sortir. Aux passants, aux voisins, je pose des questions. « Tous les occupants sont morts », me répondent-ils d'une même voix. J'insiste une deuxième, une troisième fois. Et chacun y va de son anecdote. Leurs mots m'arrivent comme une ritournelle lointaine. Je ne les entends plus. Ce sont les premiers mots du cahier jaune qui se mettent à exister très fort. Je les répète plusieurs fois pour ne pas perdre la source, pour ne pas m'éloigner d'elle. Pour que le malheur n'ait pas le dessus.

Un couple franchit le portail d'un immeuble à Pacot. Sur ces hauteurs d'où l'on peut voir Port-au-Prince dans les feux du crépuscule.

Et j'entends l'écriture se faire dans ma tête, même quand je sais que ma main droite sur le cahier jaune, mes deux mains sur le clavier ne peuvent pas encore suivre. Cela, je le sais. Pas si tôt. Pas si vite.

Et je me répète :

Un couple franchit le portail d'un immeuble à Pacot. Sur ces hauteurs d'où l'on peut voir Port-au-Prince dans les feux du crépuscule. Les couleurs du couchant tiennent la ville dans un scintillement qui en masque les soubresauts, le tumulte, la miraculeuse et ardente traversée des siècles...

Au loin je regarde l'île de la Gonâve posée sur le plateau d'émail bleu de la mer.

10

Notes pour un roman

Cela faisait longtemps que je voulais écrire cette histoire de rencontre d'un homme et d'une femme. L'une de celles qui ravivent le goût de l'impossible. L'une de celles qui traînent leur cortège de surprises, de paradoxes, d'érotisme et de déraison. Dans cette ville où, comme dans d'autres villes, une certaine idée de l'amour a été façonnée par les livres, les chansons et le cinéma. Mais où les données du malheur universel sont immédiates ou vous rattrapent juste un peu plus vite qu'ailleurs.

Je voulais qu'elle le précède devant la porte de cet immeuble, puisqu'ils allaient chez elle et que cela lui conférait un léger avantage. Je voulais que son assurance à elle, truquée, feinte, le désarçonne, mais qu'il joue quand même la surenchère mâle.

Je voulais que l'indécidable de l'histoire avance avec eux.

Le 12 janvier, Port-au-Prince a plié les genoux, s'est affaissée, et le quartier de Pacot avec elle. La poussière des gravats a recouvert les silhouettes de Nathalie et de Guillaume, la rumeur, gorge ouverte, a avalé leurs pas.

Et puis, silence.

Plus rien...

Vraiment plus rien ?

Je ne peux pas m'y résoudre et je ne sens pas non plus la force d'aller plus loin.

11

RETOUR À LA MAISON

JE LONGE LE MARCHÉ DE PÉTION-VILLE. Les mandarines, les corossols, les mangues et les carottes ne m'ont jamais paru aussi beaux. Leurs couleurs éclatent sur la poussière blanchâtre des gravats, sur le gris de l'asphalte. En 2009, la production agricole a augmenté de vingt-cinq pour cent. Cela ne s'était pas vu depuis très longtemps. La sortie du malheur de Port-au-Prince, la sortie du malheur de l'île, passe par ces hommes et ces femmes de la terre. Par toutes les initiatives en cours, loin de la fureur et du bruit de Port-au-Prince qui avale tout, dévore tout. Nos lignes de faille sont aussi nos lignes de structure, donc nos pistes d'espoir. Comment retourner le malheur là où il nous fait le plus mal ?

Je pense à ce séjour à Fondwa, dans les montagnes entre Jacmel et Port-au-Prince, avec un groupe d'adolescents qui découvraient la vie des paysans pour la première fois et qui en ont fait un documentaire remarquable. Une lueur éclaire la noire stupeur d'il y a à peine quelques minutes, et je me mets à rêver de mesures qui fixeraient sur des terres les hommes et les femmes qui ont fui Port-au-Prince après le 12 janvier, et qui donneraient à notre île ce visage sans égal que nous lui dessinons dans nos songes.

Une jeune fille traverse la rue, des bigoudis dans les cheveux. Elle a encore envie d'être belle et court dans l'ivresse et le jour au-devant d'un désir aussi jeune qu'elle. Et je souris à la lueur qui irradie encore, et plus loin, et de tous les côtés. Et je roule avec, dans la tête, ces images en contraste.

Mais, à l'entrée de l'impasse, j'aperçois J. debout devant sa maison et, à la regarder, j'éprouve à nouveau un pincement. Je pressens que pour Micha les choses se sont compliquées. Je ralentis. Je ne lui parle pas de ma famille en ville qui est sauve. Ce serait déplacé, impudique. Elle a les yeux rouges d'avoir pleuré et m'annonce, dans un sanglot ravalé, la mort de Micha. On l'a sorti inerte des décombres, la jambe droite broyée. Sentant la mort approcher, il avait demandé aux sauveteurs de ne plus insister et d'aller en aider d'autres qui avaient, eux, une chance de s'en tirer. Il a juste parlé une dernière fois à ses deux fils, vingt et un et dix-neuf ans, avant de s'en aller, m'a-t-elle dit. Je retiens mes larmes et je la prends dans mes bras. En silence. À la maison, seule dans mon coin, je pleurerai pour la première fois sur tout ce que j'ai vu jusque-là. La ville, les morts, les blessés, les disparus, les enfants, encore les enfants, la souffrance immense et l'avenir que je ne vois pas.

Ce même jour et les jours d'après, j'apprendrai la mort de bien d'autres amis, Alix, Walter, Pierre-Richard. Tous enterrés sommairement comme Micha, entre deux portes, entourés d'un morceau de tôle ou enveloppés d'un simple drap et mis en terre dans un trou creusé dans leurs jardins. Pour d'autres, on ne retrouvera jamais les corps.

Et je pense à cette absence plus terrible que la mort. Dans la mort ordinaire, le corps, preuve palpable, devient une pièce à conviction. Irréfutable. Et, précisément parce qu'elle est à conviction, cette pièce finit par nous convaincre d'entamer le dur travail de deuil. Faute de preuve, on doute jusqu'à la déraison. On espère jusqu'à la folie. Faute de preuve, de quoi peut-on se convaincre sinon d'illusions ? On échafaude mille scénarios avec des fins miraculeuses comme on en a vu au cinéma. Les chrétiens se souviennent des miracles de l'Ancien et du Nouveau Testament, Jésus marchant sur les eaux, Jonas sortant du ventre de la baleine et Lazare revenant d'outre-tombe. Les vaudouisants renvoient à bien plus tard la traversée des âmes sous les eaux, vers la lointaine Guinée, en implorant la pitié d'*Agwé*, de *Legba*, de *Damballa* ou de *Simbi Andezo*. Parce que l'on fait difficilement un deuil de rien. Comment reprendre pied sur un vide, comment s'y accrocher pour amorcer la difficile remontée ? La mort, on la rationalise tant bien que mal mais on la rationalise. Mais que faire d'une absence ?

Noah et Sarah viennent à ma rencontre. Les enfants se réunissent tous chez Alex, le petit-fils de S. Ils dessinent, chantent et jouent. Une animation irréelle dans l'impasse. À contrepied du malheur général. Noah suit les plus grands qui, de temps en temps, le chassent. Mais il insiste et finit par se faire sa place. Il est persuadé que c'est sa nouvelle garderie et annoncera tous les matins, son sac à la main : « Bye-bye, Noah va à l'école. »

Les messages continuent d'affluer dans ma boîte, dont ceux de Sabine me transmettant une demande d'article de *Libération* et une invitation à l'émission télévisée « La Grande Librairie ». Je lui réponds que je ne sais pas pour l'article. Je lui demande de m'accorder quarante-huit heures. Pour « La Grande Librairie », je sais. Je sais que je ne partirai pas de si tôt. Je n'ai jamais vu « La Grande Librairie ». C'est certainement une émission très suivie en France, mais ma place, à ce moment précis, je sais qu'elle est là où je suis (dans cette ville, dans cette maison) et nulle part ailleurs. Je dois aussi penser à décliner l'invitation de l'université de Potsdam en Allemagne, ainsi que celle des organisateurs du prix PACA dont je suis une des finalistes. Tant pis, je ne participerai pas aux épreuves finales qui consistent à rencontrer le public (élèves, lecteurs et même des prisonniers de la prison d'Aix-en-Provence).

Ce jour-là nous mangeons avec des mouches énormes, qui arrivent par nuées entières, au milieu d'un grand nuage de fumée traînant dans son sillage une odeur tenace de chair brûlée. Nous mangerons ainsi des jours durant.

Après le repas, je griffonne quelques notes sur tout ce que je vis depuis deux jours. Nathalie et Guillaume attendent encore.

12

Port-au-Prince

Je n'oublierai jamais le silence dans Port-au-Prince ce jour-là.

Le silence d'une ville pulvérisée où errent quelques fantômes. Les murs défoncés, les maisons tassées exhibent leurs plaies blanchâtres, poudreuses. Des toits affaissés à perte de vue. Par moments on tombe sur une porte, un miroir, un fauteuil, un lit, une armoire, absurdement seuls au milieu des gravats. Tout autour cela sent la terre et la mort. Cela sent l'odeur génésique des pauvres, de ceux qui le sont depuis le commencement du monde.

Imaginez quatre cent mille tonnes de TNT déversées sur un espace géographique qui concentre trente-cinq pour cent d'une population de neuf millions d'habitants, soit trois millions d'âmes. Dix pour cent de ces trois millions disparaissent en moins de quarante secondes. Le nombre de blessés est de deux cent cinquante mille. Celui des déplacés, un million. J'écris une seconde fois : « Livrée, déshabillée, nue, Port-au-Prince n'était pourtant point obscène. Ce qui le fut, c'est sa mise à nu forcée. Ce qui fut obscène et le demeure, c'est le scandale de sa pauvreté. » Une pauvreté qui a ses causes et une histoire dans le monde tel qu'il va.

Non loin de la place Geffrard, on m'interdit l'accès à une rue. Des corps à même le trottoir. On les a à peine tirés des décombres. Des corps aux bassins défoncés, aux crânes éclatés. Une jambe séparée d'un tronc gît dans une mare de boue et de sang. Et bien sûr les mouches. Elles dansent sur ces amas de chair comme sur le visage et les commissures des lèvres de ce jeune homme qui sait qu'il va mourir. Qui sait que c'est une affaire de minutes ou de secondes. De sa bouche coule un filet de liquide glaireux. Les yeux regardent déjà l'au-delà. Insoutenable.

J'essaie de rouler jusqu'au quartier populaire de Fort National. Je ne parviendrai pas jusque-là. Les quartiers de Saint-Michel, de Sylvia, de Corridor Basquiat sont atteints dans leur chair. La même image de dents arrachées, de gencives déchaussées que sur le flanc de la route du Canapé-Vert. Mais démultipliée. Je quitte très vite les lieux.

Je n'oublierai jamais le silence dans Port-au-Prince ce jour-là.

La ville lèche ses blessures comme un vieux chien malade et se demande comment les panser. La ville pense aussi. Ce que ses hommes, ses femmes, ses enfants, ses vieillards ont vécu est au-delà des mots. Alors, les mots leur manquent. Les mots sont en retard sur la souffrance. Ils ne peuvent pas la rattraper. Mais leurs yeux parlent pour eux. L'horreur y a laissé une lumière noire, des cendres, un regard brûlé, même quand certains trouvent encore la force de parler, la force de sourire, la force de raconter par bribes.

Les gens ont marché dans la ville, fouillé dans son ventre, se sont mis résolument debout. Sous la cendre des regards, la vie couve déjà. Hommes, femmes et enfants ne se contentent pas d'être vivants. Ils le sont farouchement comme pour regarder le malheur en face. Peut-être le bravent-ils en silence pour lui dire que le soleil s'est quand même levé sur leurs yeux hier, et qu'aujourd'hui des enfants ont recommencé à rire.

Mais étrange quand même. Pas un cri, je veux dire un vrai cri de chez nous, un *rèl* qui racle les entrailles pour ensuite faire gicler toute la douleur au-dehors et nous ameuter tous tant que nous sommes. Non, pas un cri. Pas une larme non plus. Ou si peu. Pourtant nos morts ne partent jamais dans le silence. *Sans bruit. Sans compte.* Jamais. Nous avons habitué nos morts aux lamentations des pleureuses, aux rires, aux bouillons, au rhum et aux histoires dans les veillées, aux parcours zigzaguant jusqu'aux cimetières pour les perdre en chemin afin qu'ils ne reviennent pas avant longtemps nous importuner sans raison.

Que s'est-il donc passé dans ma ville ? J'ai envie d'entendre hurler. J'ai peur de l'effet de retour dans nos âmes, dans nos têtes, de tant de silence autour de nos morts. Peut-être, comme dit P., que le trop-plein force au silence. Peut-être que cette mort collective, énorme, gomme et anesthésie la mort individuelle. La douleur singulière est mise sous couvercle.

Je remonte en longeant la rue Monseigneur-Guilloux. Je veux passer à côté du plus grand hôpital public. À l'approche de la barrière d'entrée, une rumeur sourde. Je ralentis. Je reconnais une infirmière. Au moment où je m'apprête à lui parler, j'entends un cri tiré des entrailles. Un cri d'épouvante. Raclé du fond du ventre. La voix est juvénile. L'infirmière me dit : « Je dois te laisser, c'est une gosse de douze ans que l'on ampute des deux jambes dans la cour, sans anesthésie. Depuis ce matin elle réclame sa mère. Elle ne sait pas encore qu'elle est morte. »

J'emporte avec moi cet unique cri qui retentira dans ma tête des nuits durant. À la maison je me contente de dresser une liste des événements. L'émotion est encore trop chaude, trop à vif pour l'écrit.

Je m'endormirai avec les hurlements de cette gamine dans la tête, en pensant au doigt de Dieu qui désigne. Et qui, le 12 janvier, nous a indiqué le rocher de Sisyphe, de nouveau. Au pied de la montagne. La douleur à l'épaule me fait davantage souffrir.

13

Comment écrire ? Quoi écrire ?

Comment écrire quand on est aux prises avec l'ombre ?

Comment écrire sans qu'à l'issue de ce corps à corps avec elle la littérature n'en sorte défigurée ?

Comment déplacer les bornes du malheur ?

Comment l'interpeler du seul lieu hors de sa portée immédiate, celui de l'écriture ?

Comment ne pas laisser au malheur une double victoire, celle qui nous broie corps et âme et celle qui viendra ensuite nous ravir notre seule parade face à lui, notre seule riposte, à nous écrivains ?

Comment éviter l'enfermement du dedans en ne nous en tenant pas à une simple comptabilité macabre, en ne restant pas en rade, en forçant l'aventure ?

Comment éviter l'enfermement de ceux qui nous verrouillent du dehors en n'attendant de nous que cette comptabilité macabre ?

Comment ramener les mots à cet espace paradoxal du jeu, où ils disent et ne disent pas ?

Comment donner à la littérature sa part, et sa part belle ?

Face au malheur, comment faire littérature ?

La littérature signale le cauchemar jusque dans ses plus lointains retranchements et, en même temps, indique l'échappée.

Pas un seul jour sans que je n'aie été hantée par ces questions. Par d'autres aussi.

14

J'ACHÈVE L'ARTICLE pour le journal *Libération* avec une émotion encore tiède, battante comme le sang, l'émotion des premiers moments qui ont suivi le 12 janvier. Les pensées sont sorties comme un flot. À mesure qu'elles surgissaient, j'ai tenté d'y mettre un ordre, d'abord pour moi-même. P. a tempéré quelques débordements. Et tant mieux.

« Haïti ou *la santé du malheur* »

À 16 heures 53 minutes, le mardi 12 janvier 2010, Haïti a basculé dans l'horreur. Le séisme a duré une minute trente secondes. Debout dans l'embrasure d'une porte, pendant que les murs semblent vouloir céder tout autour, le sol se dérober sous vos pieds, une minute trente secondes, c'est long, très long. Dans les secondes qui ont suivi, la clameur grosse de milliers de hurlements d'effroi, de cris de douleur, est montée

---

* *Libération*, mardi 19 janvier 2010.

comme d'un seul ventre des bidonvilles alentour, des immeubles plus cossus autour de la place et est venue me saisir à la gorge jusqu'à m'asphyxier. Et puis j'ai ouvert le portail de la maison. Sur le commencement de l'horreur. Là, déjà, au bout de ma rue. Des corps jonchés au sol, des visages empoussiérés, des murs démolis. Avec cette certitude que plus loin, plus bas dans la ville, ce serait terrifiant. Nous avons tout de suite porté secours aux victimes mais nous ne pouvions pas ne pas pleurer.

Et dans ce crépuscule tropical toujours si prompt à se faire dévorer par la nuit, je n'ai pas pu m'empêcher de poser cette question qui me taraude depuis : pourquoi nous les Haïtiens ? Encore nous, toujours nous ? Comme si nous étions au monde pour mesurer les limites humaines, celles face à la pauvreté, face à la souffrance, et tenir par une extraordinaire capacité à résister et à retourner les épreuves en énergie vitale, en créativité lumineuse. J'ai trouvé mes premières réponses dans la ferveur des chants qui n'ont pas manqué de se lever dans la nuit. Comme si ces voix qui montaient, tournaient résolument le dos au malheur, au désespoir. J'ai parcouru le lendemain matin une ville chaotique, jonchée de cadavres, certains déjà recouverts d'un drap blanc ou d'un simple carton, des corps d'enfants, de jeunes, empilés devant des écoles, des mouches dansant déjà autour de certains autres, des blessés, des vieillards hagards, des bâtiments et des maisonnettes détruits. Il ne manquerait que les trompettes de l'Ange de l'Apocalypse pour annoncer la fin du monde si le courage, la solidarité et l'immense patience des uns et des autres n'étaient venus nous rattacher au plus ténu de l'essentiel... À ce principe d'humanité, de solidarité qui ne devrait jamais faire naufrage et que les pauvres connaissent si bien. Pour dire la puissance de la vie. De ces vivants si farouchement vivants dans une ville morte. Patients jusqu'à l'extrême limite. Les quelques inévitables pillards systématiquement relayés par la presse internationale ne font pas le poids face à tant de vie et de dignité revendiquées.

Et je tirai ma leçon en pensant à un mot de Camus envoyé par un ami écrivain : « Nous avons maintenant la familiarité du pire. Cela nous aide à lutter encore. » Cet acharnement m'a semblé non point le fait d'une quelconque fatalité (laissons cela à ceux qui voudraient encore par paresse ou dérobade évoquer le cliché d'une Haïti maudite) mais celui d'une suite de hasards qui nous ont propulsés au cœur de tous les enjeux du monde moderne. Pour de nouvelles leçons d'humanité. Encore et encore...

Hasard géologique qui nous a fixés sur la faille dantesque des séismes, hasard géographique qui nous a placés sur la route des cyclones en nous sommant, en sommant le monde de repenser, à chacune de ces catastrophes, les causes profondes de la pauvreté. Hasard historique qui nous a amenés à réaliser l'impensable au début du dix-neuvième siècle, une révolution pour sortir du joug de l'esclavage et du système colonial. Notre révolution est venue indiquer aux deux autres qui l'avaient précédée, l'américaine et la française, leurs contradictions et leurs limites, qui sont celles de cette modernité dont elles ont dessiné les contours, la difficulté à humaniser le Noir et à faire de leurs terres des territoires à part entière. À la démesure du système qui nous oppressait, nous avons répondu par la démesure d'une révolution. Pour exister. Exister, entre autres, au prix d'une dette à payer à la France, au prix d'une mise au ban des nations. Ce qui ne nous a pas soustraits du devoir de solidarité agissante envers tous ceux qui, comme Bolivar en Amérique Latine ou ailleurs, au début de ce dix-neuvième siècle, luttaient pour leur liberté. Et puisque nous avons ouvert la terre d'Haïti à tous ceux-là, nous avons une longueur d'avance dans ce savoir-là. Savoir qui se révèle d'une brûlante actualité dans ce moment où, à travers la catastrophe qui frappe Haïti, devrait se jouer la réciproque et pourquoi pas la redéfinition sinon la refondation des principes de la solidarité à l'échelle mondiale.

La Révolution américaine et la Révolution française, contrairement à la nôtre, ont, elles, su faire avancer la question de la citoyenneté. Nous n'avons su user de la constance et de la mesure qu'exigeait la construction de la citoyenneté qui aurait dû mettre les hommes et les femmes de cette terre à l'abri de conditions infra-humaines de vie. Parce que la démesure a ses limites, la glorification stérile du passé comme refuge aussi. Qu'on se souvienne de Césaire qui fait dire à l'épouse du roi Christophe, dans la tragédie du même nom, de prendre garde que l'on ne juge les malheurs des fils à la démesure du père.

En dépit de ces limites-là, en dépit de sa pauvreté, de ses vicissitudes politiques, de son exiguïté, Haïti n'est pas une périphérie. Son histoire fait d'elle un centre. Je l'ai toujours vécue comme telle. Comme une métaphore de tous les défis auxquels l'humanité doit faire face aujourd'hui et pour lesquels cette modernité n'a pas tenu ses promesses. Son histoire fait qu'elle dialogue sur un pied d'égalité avec le reste du monde. Qu'elle oblige encore aujourd'hui à la faveur de cette catastrophe à poser les questions essentielles des rapports Nord-Sud, celles aussi fondamentales des rapports Sud-Sud, et à ne pas esquiver les questions et les urgences de fond. Qu'elle somme aussi plus que jamais ses élites dirigeantes à changer radicalement de paradigme de gouvernance. Tous les symboles déjà faibles de l'État se sont effondrés, la population est aux abois et la ville dévastée. De cette *tabula rasa* devra naître un État enfin réconcilié (même partiellement) avec sa population.

Mais Haïti donne une autre mesure tout essentielle du monde, celle de la créativité. Parce que nous avons aussi forgé notre résistance au pire dans la constante métamorphose de la douleur en créativité lumineuse. Dans ce que René Char appelle « la santé du malheur ». Je n'ai aucun doute que nous, écrivains, continuerons à donner au monde une saveur particulière.

15

Un passage au cœur de la stupeur

Et un passage s'ouvre au cœur de la stupeur. Dans ma tête, un calme étrange, les mots éclairant comme des feux dans la nuit. Je les suis. Il faut être plus fort que soi pour aborder l'écriture. Et dans ces moments-là plus que jamais. Il faut être plus fort que l'écrit. J'essaie de l'être. Un peu. Je sortirai Nathalie et Guillaume des décombres. Avec précaution et une attention aiguë.

Un couple franchit le portail d'un immeuble à Pacot. Sur ces hauteurs d'où l'on peut voir Port-au-Prince dans les feux du crépuscule. Les couleurs du couchant tiennent la ville dans un scintillement qui en masque les soubresauts, le tumulte, la miraculeuse et ardente traversée des siècles. C'est l'heure où on assiste à la montée du silence qui tamise le grand charivari des journées tournées et retournées. Un silence comme un voile suspendu entre terre et ciel.

Dans la baie, des palmiers agitent leurs bras en appels paresseux. Vers des pêcheurs au loin, pris dans le vertige de l'horizon et de la mer.

La nuit sous les tropiques, toujours si avide d'avaler le jour, s'abattra dans une hâte qui laissera dans le même léger effarement les femmes, les hommes, le ciel, la terre et les eaux. Et notre couple lui aussi.

Quelque chose dans leur façon d'avancer vers la porte d'entrée de l'immeuble indique que, s'ils ne sont pas encore des amants, ils sont sur le point de le devenir. L'imminence d'un tel événement semble inéluctable. Visiblement l'homme ralentit sa marche pour être à côté de cette femme dont l'on devine, à sa silhouette, qu'elle porte bien une quarantaine à peine entamée. Ses chaussures aux semelles épaisses, son jean et son tee-shirt laissent penser qu'elle est une femme de terrain. Cela ne l'empêche pas d'engranger les pas d'une danse enjouée. Elle est légère malgré elle. D'autant plus légère qu'elle voudrait dissimuler un tremblement intérieur, une crispation.

Lui n'a pas particulièrement soigné sa tenue. Il n'a jamais fait de ces attentions particulières à l'apparence et des soins aux vêtements une nécessité. Et, à l'aube de sa cinquantaine, il ne changera pas. Il n'en a plus besoin. Il a déjà fait ses preuves. Dans sa profession et auprès des femmes. Mais, cet après-midi-là, il feint un calme qui n'en est pas un. C'est un tricheur quelque peu décontenancé.

16

LES CAMPS OU LA FIN D'UN SYSTÈME ?

LES CAMPS SE CONSTITUENT VRAIMENT. À entendre ce mot, on imagine les camps des Palestiniens ou ceux des réfugiés du Darfour. Mais je sais que ce qui se dessine ici, c'est à la fois la même chose et autre chose. Il s'agit d'une nouvelle mise en espace de ceux qui ont et de ceux qui n'ont pas. Ceux qui n'ont pas étaient plus ou moins cachés, soit à l'arrière des maisons de ceux qui ont, soit dans les bidonvilles qui ceinturent leurs quartiers. Aujourd'hui, une grande partie de ceux qui n'ont pas sont devant les maisons de ceux qui ont, ou sur les dernières places publiques de la ville et de ses faubourgs.

Des anthropologues et des sociologues ont désigné respectivement sous les vocables « Bossales » et « Créoles », ceux qui n'ont pas et ceux qui ont. Le Créole est mulâtre (fruit d'une union avec un colon blanc ou avec un étranger de race blanche au cours du dix-neuvième ou du vingtième siècle), mais peut aussi être noir de peau (descendant d'esclaves, affranchis sous la colonie ou de Noirs ayant acquis fortune et/ou éducation à l'occidentale au cours des ans). Le Bossale est noir (à part quelques poches dans le milieu rural d'infimes résidus de métissage ancien, avec des descendants d'Indiens caraïbes ou avec des Blancs descendant de Polonais qui avaient rallié la cause des insurgés noirs au moment de la guerre d'indépendance). Un sociologue haïtien, Jean Casimir, a établi cette dichotomie fondamentale dans son ouvrage, *La Culture opprimée**. Hypothèse qui a été reprise et développée avec pertinence par l'anthropologue français Gérard Barthélémy :

> *On a assisté, semble-t-il, dans les premières années de l'indépendance, à une scission de la nation haïtienne en deux parties avec, comme point de clivage, la position par rapport au type de développement à adopter, au type d'évolution à suivre. [...]*
>
> *En raison du sauvetage d'une partie de l'outil de production qui avait fait de ce territoire la plus riche colonie du monde, il est normal que le véritable conflit se soit joué, alors, autour de son appropriation. À qui allait revenir l'héritage colonial ?*
>
> *Cette situation a provoqué un double glissement :*
>
> > *. L'outil de production du Blanc a été monopolisé par la catégorie qui en connaissait mieux le maniement et qui, bien avant 1789, en était déjà en partie propriétaire : les créoles.*

---

* Jean Casimir, *La Culture opprimée*, Imprimerie Lakay, Delmas, Haïti, 2001 ; après une première édition en espagnol, *La Cultura oprimada*, Editorial Nueva Imagen, Mexico, 1980.

. Les Bossales (appelés Africains) exclus du partage des dépouilles et désirant le rester, sont venus occuper en partie l'espace social et culturel laissé libre par la promotion, au premier rang, des créoles.

Alors que les premiers reprenaient du Blanc, en même temps que ses plantations, l'héritage de sa langue, de sa culture, de sa religion et de son organisation étatique, les seconds retrouvaient sur le terrain ainsi abandonné :

— un milieu : la paysannerie et les jardins ;

— une religion : le vaudou ;

— une langue : le créole ;

— une structure familiale, le lakou et le plaçage,

*en un mot, tout l'héritage créole, que dans l'impossibilité de repartir en Afrique, il fallait dans l'immédiat assumer dans un souci élémentaire de cohérence, d'une part pour échapper à l'incroyable désordre du mélange artificiel des ethnies, des races et des cultures africaines et, d'autre part, pour survivre dans l'espace marginal laissé disponible en dehors des plantations *.*

Je ne connais pas de faille historique et sociale plus grande que celle-là en Haïti. C'est elle qui fabrique l'exclusion depuis plus de deux siècles. Elle nous traverse tous, Bossales comme Créoles. Elle structure notre manière d'être au monde. Elle façonne notre imaginaire, ordonne nos fantasmes de couleurs de peaux, de classes. Bloque notre société en deux modèles

---

* Gérard Barthélémy, *L'Univers rural haïtien (Le pays en dehors)*, Éditions Henri Deschamps, Port-au-Prince, 1989 ; L'Harmattan, Paris, 1990, pour l'édition française et la présente citation.

indépassables : maître et esclave. Nourrit nos frustrations. Alimente nos illusions. Elle nous broie aussi, silencieusement. Une fois qu'on a dit cela, on a dit l'essentiel, mais on est loin d'avoir tout dit. Il faudrait d'abord nuancer quant au caractère monolithique de chacun des deux groupes, ensuite quant à l'étanchéité totale entre les deux groupes, et aussi prendre en compte d'évidentes mutations récentes. Enfin, les simplifications basées uniquement sur des catégories raciales, de couleurs ou sociales échouent souvent à saisir la globalité et la totale cohérence des comportements individuels ou collectifs. Elles sont surtout dangereuses quand elles servent de raccourcis faciles aux clichés ou aux poncifs idéologiques.

Mais avançons quand même. Notre mode d'occupation de l'espace urbain, que la présence des camps ordonne de manière inédite depuis le 12 janvier, n'est pas étranger à cette dichotomie Bossales/Créoles. C'est en effet à un véritable jeu de fuite-poursuite que se livrent depuis près d'un demi-siècle ceux qui ont et ceux qui n'ont pas, quant au mode d'occupation de l'espace. Ceux qui ont se sont installés dans les hauteurs de Pacot, de Debussy, de Pétion-Ville, mais ont fini avec l'exode rural accéléré par être rattrapés et encerclés par ceux qui n'ont pas. Ceux qui ont ont alors grimpé encore plus haut ou dans des enclaves qu'ils pensaient inaccessibles, avant d'être rattrapés à nouveau par ceux qui n'ont pas. Qui les ont à nouveau encerclés en silence. Alors ceux qui ont continuent à grimper et à fuir plus haut vers Laboule, Thomassin et même Kenscoff. À ce rythme-là, ceux qui ont, comme ceux qui n'ont pas, risquent de se retrouver en République dominicaine, le territoire n'étant pas extensible à l'infini. À moins que ? À moins que nous décidions tous enfin de vivre ensemble sur ce territoire dans une considération mutuelle. Dans une décence commune. Le manque absolu est une indécence en soi, la possession dans un tel contexte finit par l'être aussi. Sommes-nous une nation au sens citoyen d'un partage de références communes et de valeurs ? Certainement pas.

Les camps rendront-ils le jeu de la fuite et de la poursuite caduc ? L'aveuglement et la défiance suicidaires ? Là encore, je ne sais pas. De toute façon, c'est le système dans son ensemble qui a fait son temps. Les privilèges enlaidissent à la longue, mais la misère ne saurait être belle. Comment vivre à hauteur d'homme donc ? Camus l'a indiqué à sa façon : « L'homme n'est pas seulement esclave contre maître, mais aussi homme contre le monde du maître et de l'esclave. * »

Arriver jusqu'à mon impasse devient de plus en plus difficile. Pour cause de remontée de beaucoup d'activités commerciales vers Pétion-Ville. Pour cause de surpopulation accélérée. Pour cause d'augmentation du parc automobile. Pour cause de multiplication d'ONG.

---

* Albert Camus, *L'Homme révolté*, Gallimard, Paris, 1951.

17

Les amis du samedi matin

Hier j'ai tenté de dormir dans ma chambre sans y parvenir. La ravine derrière le mur en contrebas est bien plus calme que d'habitude. On n'entend que le bruit des pelles sur un chantier, à flanc d'un monticule. Quelqu'un poursuit tranquillement la construction de sa maison commencée avant le séisme. Au diable les mesures de sécurité !

J'ai pu faire du regard le tour des livres sur ma table de chevet. L'un d'entre eux, *Allah n'est pas obligé*, m'a été prêté quelques jours auparavant par un ami tunisien mort sous les décombres de l'immeuble de la minustah. Sa carte est entre deux pages. Je la relis deux, trois fois. Tout est arrivé si vite que l'on doit à chaque fois se convaincre que tout ça a vraiment eu lieu. Il y a *Effondrement* de Jared Diamond, rendu par mon ami L. trois jours avant le séisme. Diamond dont le sous-titre du livre dit tout : *Comment les sociétés décident de leur disparition ou de leur survie.* Il y est question d'Haïti, évidemment. Sans oublier la compilation des essais de Camus dont on commémore le centenaire de la naissance et que je feuilletais de temps en temps. Et puis quelques textes fétiches, toujours à portée de main.

V. est partie poursuivre les recherches pour retrouver le corps de son conjoint. Toujours rien depuis quatre jours. À son retour, le soir, elle me parle plutôt de la souffrance des autres, venus comme elle à la recherche d'un corps. Elle se laisse aller à quelques confidences. Nous buvons du thé comme tous les soirs sous un ciel de parade croulant sous les étoiles. Nous nous écoutons dans un rond de silence tandis que tout autour les enfants s'attardent à leurs derniers jeux.

J'ai perdu la notion des jours. C'est seulement à l'arrivée de S. que je réalise qu'on est samedi. S. fait partie de ceux qui viennent tous les samedis matin. C'est un rituel de trans-mission. Vu la différence d'âge, je fais partie de ceux et de celles qui reçoivent des leçons de vie. S. est un des rares hommes qui a fait de la politique et qui en a laissé une image digne. Il est debout dans sa tête, debout dans son cœur, il a une colonne vertébrale. Nous maintenons une tradition de la parole, la *lodyans*, qui remonte à longtemps et qui se pratique encore dans quelques villes de province et sur des galeries à Port-au-Prince. J., sociologue, ne sera pas de la partie ce jour-là. Il est allé dispenser un cours à Duke University aux USA. Il transmet ailleurs. Il a été le premier à poser la question du dialogue de sourds entre Bossales et Créoles. Toute la démarche de J. repose sur ce postulat premier. Nous aurions eu tant de choses à nous dire ce samedi-là. J. nous manque beaucoup. J., S., P. et moi ne sommes pas toujours d'accord sur toutes ces questions. Nous nous divisons entre optimistes et pessimistes. P. cache, entre autres, sous son optimisme, une capacité inouïe à transcender. Dans la jungle ambiante, c'est rarissime et précieux. Moi je fais partie des pessimistes, et j'assume. Ces désaccords font précisément le sel et le miel de notre rituel.

Nous passons tous les événements en revue. Sous un ciel sans cesse traversé par le vrombissement des hélicoptères et des avions. Les mouches sont au rendez-vous, le nuage malodorant aussi. Nous tournons sans cesse autour de la même question : qu'est-ce qui, ici, fabrique l'impolitique ?

S. évoque la différence entre les images de la télé et celles que l'on a devant soi. La télé amplifie ou réduit. Il y a des événements qui rabaissent ou rachètent. La solidarité a racheté beaucoup d'entre nous. Le temps d'une épiphanie, mais elle nous a rachetés quand même. Nous parlons de l'aide des médecins cubains déjà présents et de celle des Dominicains, mais dont la presse étrangère parle peu ou pas du tout. Qu'est-ce qui ressortira de ces liens entre voisins ? C'est une lancinante interrogation chez moi. Une obsession.

P. souligne longuement cette douleur si énorme qu'elle empêche de souffrir. Les camps improvisés s'installeront dans une permanence qui est celle de la souffrance de ceux qui n'ont pas depuis le commencement du monde, nous le savons. D'ailleurs, dans cette île, tout provisoire est appelé à être permanent. C'est une loi du milieu. Ces départs loin de Port-au-Prince sauveront-ils enfin Port-au-Prince et toute l'île ? Nous doutons.

Nous évoquons la présence des Américains censée prévenir un chaos qui n'arrivera pas tel qu'ils l'auront imaginé. Leur présence dissuade un leurre, mais c'est ainsi.

Nous soulignons la cabale soulevée par la présence des Américains qui, sans nuances, ont donné souvent la priorité à des *people* américains venus en jet privé plutôt qu'à des convois humanitaires non américains. Nous évoquons le fait que beaucoup de ces élans de solidarité se feront dans la plus grande spontanéité et le plus grand désordre aussi. Haïti est une terre dont on organise de bonne foi, ou pour de mauvaises raisons, l'état de savane. Nous savons, P., S. et moi, que l'aide ne nous sauvera pas. Elle est viciée dans sa logique. Elle finit par pervertir ceux qui donnent et ceux qui reçoivent. D'ailleurs elle part déjà en fumée. Les avions et hélicoptères qui sillonnent le ciel au-dessus de nos têtes sont déjà en train de rafler une bonne partie de la mise. Les premières ONG, malgré les immenses services rendus, nous déresponsabilisent. On avance le chiffre de deux milliards de dollars d'aide par an pendant cinq ans. Bien trop peu. Des réunions sont projetées. Mais mieux : nous savons que l'aide promise ne viendra pas. Pour des raisons locales mais aussi parce que la communauté internationale a toujours eu des rapports ambigus avec Haïti. C'est une chanson qui nous a déjà été chantée. Nous en connaissons les couplets et le refrain.

Nous nous demandons quels enjeux peuvent représenter ces vingt-sept mille kilomètres carrés et ces neuf millions que nous sommes pour qu'une telle querelle s'amorce sur les cadavres encore chauds. De cela nous discutons longuement, et classons les amis d'Haïti en différents groupes. Il y a les Américains, désireux visiblement de reprendre en main un certain nombre de dossiers-clés, il y a une Amérique latine, avec le Venezuela, Cuba, et une autre, avec le Brésil qui joue son entrée au Conseil de sécurité et sa puissance dans la région. Il y a la Caraïbe. Il y a l'Union européenne, loin. Il y a la République dominicaine qui voudrait jouer avec Cuba et, sur un autre tableau, avec les USA et l'Europe. Il y a la France avec qui, depuis notre indépendance, nous avons toujours eu des rapports troubles, qui gagneraient à s'éclaircir. Il y a la grande Chine encore plus loin, qui joue un vote supplémentaire aux Nations-Unies et un pied dans le Bassin caraïbe. Il y a l'autre Chine, qui joue le même vote et le même pied. De quoi donner le vertige.

Je suis de près ce qui sort dans la presse internationale via Internet, et ce qui se dit dans la presse locale. La presse internationale informe et, grâce à elle, des milliers d'associations, de villages, d'artistes, d'individus jeunes, moins jeunes, vieux, et de toutes les régions du monde, ont été sensibilisés à la cause haïtienne et ont lancé des dizaines et des dizaines d'initiatives. Cette tendresse du monde nous a tous émus et réconciliés avec une certaine idée de l'humanité. Mais qu'est-ce qu'une certaine presse a pu véhiculer comme clichés ! À commencer par les quelques scènes de pillage. Cette presse tenue par la vitesse ne supporte pas les nuances et les gomme. Elle est avide de ces images qui nourrissent le voyeurisme, confortent le racisme ou l'idée de la malédiction divine, ce qui revient à peu près au même. Et puis il y a ces journaux qui, eux, espèrent un grand soir qui devra forcément avoir lieu en Haïti mais pas chez eux, à l'instar de John dans mon dernier roman, dont *le rêve était mort là-bas chez lui, dans les rues de Seattle ou de New York, au bout d'une matraque et de quelques nuages de gaz lacrymogène, [et qui] veut le ressusciter ici à n'importe quel prix. Même au prix du reniement de soi, même au prix de nos vies sacrifiées. Il tord et retord les événements pour maquiller ses dépêches et peupler le faux paradis qu'il s'est inventé dans sa tête. Ici de toute façon, John ne risque rien, John ne perd rien. John n'est pas chez lui.*

La presse locale fait ce qu'elle peut pour retransmettre des informations sur les quartiers, les opérations de sauvetage. Et elle s'en tire admirablement. Mais déjà sur les ondes se déchaînent les hommes politiques. Certains ont pris en otage des stations de radio et se répandent en discours, vitupérations et harangues, tandis qu'en face le pouvoir politique est quasiment muet. Des ténors des forces économiques tentent de dire quelque chose qui se voudrait neuf mais qui baigne encore dans l'opacité, tandis que les affairistes, eux, n'ont pas à parler. Les contrats parleront pour eux. Voilà pour une certaine parole ou pour le mutisme. La majorité silencieuse, elle, demeure silencieuse. La plupart de ceux qui mouillent vraiment leur chemise se tiennent loin des micros et loin des pages de journaux. Mutisme et silence n'ont pas le même contenu bien évidemment. Et heureusement. Nous sommes piégés entre un trop, un trop peu et un pas du tout. À quand la parole qui donnera la mesure de ce malheur et celle de notre futur ?

Les pessimistes ont un très net avantage, ce samedi-là. Mais je suis une pessimiste active. P. et S. me le rappellent : « Fais ce que tu sais faire. Faire ce que l'on ne sait pas faire est contre-productif. » « Et surtout écris, me dit P. Ne t'arrête pas. Ne t'arrête jamais. » Alors j'ai continué.

18

Nathalie et Guillaume

Cette ville, Nathalie en aimait le cœur, dont les statues des pères de la patrie faisaient le tour, et souvent, dans sa tête, elle en redessinait les abords rognés, abîmés, détruits par les inconséquences des fils. Cette pensée la traversa une fois de plus malgré l'obstination muette des yeux de Guillaume posés sur elle. Elle avait auparavant cherché à cacher son embarras chaque fois qu'il la regardait. Mais cet après-midi il n'avait pas arrêté de le faire alors qu'ils traversaient la ville en voiture. Guillaume contemplait en effet avec une secrète jubilation la montée en Nathalie d'une liesse à laquelle il n'était pas étranger.

Plusieurs fois, Nathalie avait passé la main sur ses cheveux coupés court. À quoi cette main faisait-elle barrage exactement ? Aux mailles que chaque regard de Guillaume tissait autour d'elle ou à cette ferveur qui lui remontait du ventre jusqu'à la gorge ? Elle se sentait tout à la fois joueuse, captive, coupable, et déployait mille artifices pour ne pas se départir d'un naturel qui l'avait pourtant depuis longtemps abandonnée. De toute évidence ses abords étaient bien mal gardés.

Décidément cet homme la troublait plus qu'il n'aurait dû. Depuis qu'il l'avait regardée exposer les plans pour l'aménagement du centre polyvalent qui devait être un modèle du genre en milieu rural. Les questions de Guillaume l'avaient irritée et elle en avait conclu qu'il était un de ces sociologues qui voulaient être plus paysan que les paysans ou plus prolétaire que les prolétaires. Lui l'avait d'emblée rangée dans cette case qu'il connaissait bien, celle des bohèmes soigneusement mal habillées et aux convictions mondaines. Quelques séances de travail, des sorties sur le terrain et une soirée chez un collègue avaient dissipé bien des nuages sombres qui menaçaient à l'horizon. Et puis c'était compter sans ces émotions qui en faisaient à leur tête alors même que tous les deux pensaient en avoir toute la maîtrise.

Nathalie avait quelque peu repris le dessus en riant très fort à la remarque d'un chroniqueur à la radio. Bien que forcé, ce rire avait pourtant une fois de plus piégé Guillaume, qui cherchait encore à nommer cette chose lointaine qui le prenait au cœur quand elle parlait. Plutôt que de travestir dans des mots sages l'instinct qui le poussait à dire tout de go à cette femme : « J'ai envie d'attraper votre rire avec ma bouche », il choisit le silence.

19

V. a trouvé le portable de son conjoint,
les enfants partent.
Lissa, Fabienne et Alix viennent. Je ne partirai pas.

R. m'a appelée hier soir. Il sortait épuisé d'une longue journée. R. a animé bien des séances de psychothérapie depuis le
séisme. Le phénomène est nouveau. En cas de mauvaise passe,
on s'adresse d'habitude à sa communauté, famille ou amis,
même quand on pourrait payer les services d'un psychologue. Ou alors on se tait. Et surtout on se met en tête que
c'est une affaire pour les femmes ou les Blancs. Le 12 janvier
a fait en partie sauter cette barrière-là. Mais comment
pourrait-on en faire profiter ceux qui ne peuvent pas payer ?
La reconstruction des êtres, qui s'en occupe vraiment ? Certaines histoires que me rapporte R. sont terribles. Je retiens
celle de cet homme sauvé quatre jours après le séisme. Dès le
deuxième jour, il a entendu les rats dévorer sa collègue morte
à quelques mètres. Alors il s'est conditionné pour ne pas
trop dormir. Il a survécu en buvant son urine. Quand les

sauveteurs étrangers sont venus, ils ont frappé au-dessus de sa tête en criant le nom de sa patronne. Il a eu un moment d'hésitation et a eu la présence d'esprit de répondre qu'elle était tout près de lui. Il avait compris que ce mensonge pouvait le sauver. S'il n'avait pas menti, il serait à l'heure qu'il est mort, rongé lui aussi par les rats.

V. est revenue et m'annonce avoir retrouvé le portable de son conjoint. Elle le sort et me le montre. « J'ai pu identifier la main grâce à la chemise qu'il portait. La main était déjà en état de décomposition avancée. Et j'ai aussi reconnu le portable », me dit-elle. Elle m'explique que le corps était enfoui d'une telle façon sous la dalle de béton qu'elle n'a pas pu voir le visage de son époux mais juste le haut de son crâne. Et seuls le bras et la main tenant le téléphone étaient à l'air libre. « Évidemment que j'ai reconnu la main et le téléphone. »

Moi, je suis debout et je ne dis rien parce qu'il n'y a rien à dire. Elle parle à ses enfants et leur annonce qu'elle a retrouvé le téléphone portable de leur père. Les enfants l'attendent et voudraient voir leur père une dernière fois, même mort. Ils insistent. Nous dînons comme tous les soirs, mais, avant d'aller se coucher, elle me demande de lui trouver un psychologue. Elle voudrait faire le point et surtout savoir quoi dire à ses enfants. R. ne peut pas la recevoir le lendemain. Il est submergé de demandes depuis le séisme. Je la dirige vers une autre amie.

Noah et ses sœurs partent comme bien des enfants et bien des gens qui le peuvent. Qui le peuvent et le veulent. Ils le feront le soir du 21 janvier à 3 heures du matin, à bord d'un de ces appareils affrétés par l'armée américaine.

Moi, je ne partirai pas. Je ne le veux pas. Je le dis à Sabine qui comprend sans que j'aie à me répandre en explications. Sans que j'aie à me justifier surtout. Mais je pense à rédiger un mot aux organisateurs du prix PACA dont les mails pleins d'attention m'ont touchée. Sabine s'est rendue dans la région et a lu ma lettre aux différents membres du jury : « Je ne suis pas avec vous aujourd'hui. Je le regrette beaucoup. Mais vous comprendrez bien que le tremblement de terre du 12 janvier me retient dans mon pays au milieu des miens. Dès le mercredi 13 janvier 2010, j'ai commencé par tenir une chronique avec une simple comptabilité des faits et une description que je voulais la plus précise qui soit des dommages. Et bien sûr de la détresse. Celle lointaine d'inconnus croisés dans les rues, dans les abris, dans les centres hospitaliers, et celle plus proche d'un voisin dont nous avons suivi, impuissants, la lente agonie sous les gravats du ministère de la Justice, celle de cette jeune femme que nous avons hébergée et qui, tous les matins et jusqu'à la tombée de la nuit, se rendait à cet hôtel qui s'était effondré, pour finalement repérer sous les décombres, après dix jours, le téléphone portable de son époux juste à côté de sa main, puis son corps, cinq jours plus tard.

J'ai commencé à le faire et il fallait le faire. Il y a un travail de mémoire qui passe inévitablement par ce regard sans cillement sur l'événement, seul gage de connaître un jour le nécessaire commencement de l'oubli. Question de se tenir à hauteur d'humanité sur cette crête précaire qui faisait dire à un personnage d'*Hiroshima mon amour* : "Je suis douée de mémoire. Je connais l'oubli." Et puis deux images sont venues me le confirmer en me rappelant de surcroît que mon rôle d'écrivain ne pouvait pas se résumer à une comptabilité macabre ou à une simple transcription mécanique des faits, mais consistait à inventer un monde qui amplifie, prolonge ou fait résonner précisément celui-ci.

La première image est celle d'un enfant sorti des décombres, les bras levés au ciel, un sourire comme un fruit de saison, et qui dit à sa mère : "J'ai soif et j'ai faim." La deuxième est celle d'une jeune fille aux abords d'un marché qui, trois jours après le séisme, se fait tresser les cheveux et se regarde dans un miroir. J'ai aimé ce garçon qui disait "oui" à la vie, qui faisait presque un pied de nez au malheur et regardait l'avenir avec des soleils dans les yeux. Pour la deuxième image, je me suis dit que, quand les jeunes filles veulent encore être belles pour courir au-devant du désir et des mots à fleur de peau, tout espoir ne peut être perdu. Tous deux me ramenaient à une vérité essentielle : ne pas célébrer la vie malgré tout, ne pas la transformer par l'art ou la littérature, c'est nous faire terrasser une deuxième fois par la catastrophe.

Cet événement, si éprouvant soit-il, n'est donc pas parvenu à éteindre l'écrivain en moi qui se pose aujourd'hui plus que jamais les questions suivantes : quoi écrire et comment écrire après une telle catastrophe ?

Alors j'ai eu hâte de retrouver toutes ces sensations que je ne connais que trop bien devant ma feuille blanche et mon clavier. D'abord celle d'être en retard sur la vie. Toujours. Ensuite, celle de vouloir tourner autour des mêmes interrogations comme dans une sarabande obstinée. En tentant d'y apporter des réponses, quelques-unes de forme, d'autres de fond, en sachant qu'à ces questions je n'apporterais que des réponses provisoires, appelées à se renouveler encore et encore. J'aime la force que cet acte requiert. Parce qu'écrire, ce n'est pas seulement tracer des mots, "il faut être plus fort que soi pour aborder l'écriture, il faut être plus fort que ce qu'on écrit". J'essaie en ces jours difficiles d'accumuler un peu de cette force pour transcender l'événement et arriver de nouveau vers mes lecteurs avec des mots qui sauront les toucher comme des mains. »

Le 25 janvier, V. a en effet retrouvé le corps de son conjoint. J'étais soulagée d'être encore là. Elle a fait embaumer le cadavre et elle a refait les trois cents kilomètres avec ce cadavre dans le coffre de sa voiture.

Aucun commentaire... Une ligne de silence passe par là.

Tous ces départs sont vite remplacés par de nouvelles arrivées. Alix et Fabienne sont rentrés de New York dans les jours qui ont suivi, le temps de pleurer des parents disparus, d'enfiler leur blouse de médecin pour travailler une semaine durant. Sans relâche. Ma sœur, arrivée une semaine plus tard, fera de même. Grâce à eux, j'ai une idée au jour le jour d'un morceau, d'un tout petit bout de la souffrance de la ville au quotidien. Nous écoutons un soir un orthopédiste haïtien faire le récit de l'immense travail accompli par les médecins et avancer des chiffres terribles : il y a eu soixante à cent amputations par jour durant les deux premières semaines. Sur deux cent cinquante malades admis dans le centre où il travaillait, on en a amputé quarante dont six enfants. Dans un pays qui déjà a d'énormes difficultés à prendre en charge les non handicapés. Terrible. Terrible. Je comprends aussi au milieu de tout cela que la médecine haïtienne a pris un sacré coup. Elle est aujourd'hui menacée de toutes parts. Sommée de se métamorphoser. De trouver un moyen d'être mieux et plus au service de tous. Sommée de se coordonner avec l'aide internationale, celle de Cuba, qui n'est pas celle des ONG ni celle des sauveteurs arrivés en grand nombre. La générosité est venue avec un corollaire moins visible : la pagaille. Des centres hospitaliers haïtiens ont fait les frais de cette ruée humanitaire, des médecins aussi. Mais la population a pu jouir de ce qui n'était jusque-là qu'un privilège : le droit à la santé. À quand une gouvernance de la santé qui permettrait à la population d'avoir accès aux soins et n'étoufferait pas pour autant la médecine locale ?

Le soir, avec L., ma sœur, autour de la table, nous parlons de tout, de notre enfance. Elle a sa place en nous comme une énigme. Elle traverse les saisons, les lieux et les mots. Nous y revenons comme à une source après des années d'absence. Nous oublions les malheurs du moment, la grisaille du temps qui passe. La source est claire, les images intactes. Et puis il y a cette lune qui sommeille au milieu des étoiles en écoutant nos rires.

20

Le déclin de la classe moyenne

Je ne m'attendais pas ce soir-là à *chater* sur Yahoo Messenger avec une amie. Elle est cadre dans une banque privée. Son conjoint exerce une profession libérale. Cette conversation n'en fut pas vraiment une car mes mots tombaient à côté de la plaque, comme toujours face à un désarroi pour lequel nous ne pouvons indiquer aucune sortie. Dans mon silence, je tentais de garder intacte la déchirure que j'entendais dans les mots de F. Pour comprendre.

Quand son message surgit sur l'écran, je lui réponds :
« F., comment vas-tu ? Est-ce que tu tiens le coup ?

F. : Penses-tu, pas du tout.

Moi : Qu'est-ce qui se passe ?

F. : Je loge encore chez des amis avec L. et notre petit dernier. Mon fils aîné est chez une cousine. Notre maison s'est effondrée.

Moi : As-tu des perspectives ?

F. : De me retrouver à la rue bientôt. Tu sais, les gens t'accueillent pour quelques jours ou un mois mais après ce n'est plus possible. Tu déranges.

Moi : Qu'est-ce que tu comptes faire ?

F. : Je suis supposée être la plus forte de la famille.

Moi : Oui, je connais la femme haïtienne *potomitan*, mais on n'est pas tenue d'être forte tout le temps. Ce n'est écrit nulle part.

F. : Eh bien, il n'y a plus de *poto*. Je suis cassée. Comme la maison.

Moi : ...

F. : Tu vois, dans toutes ces histoires de reconstruction, des gens comme moi, nous serons les laissés-pour-compte.

Moi : Pourquoi ?

F : Parce que je suis de cette classe moyenne qui n'en finit pas de descendre dans la précarité.

Moi : ...

F. : Dans cette fameuse refondation-reconstruction, les riches vont devenir plus riches. Ils se sont déjà positionnés pour l'être avec l'aide du gouvernement et de l'international. Je souhaite aux pauvres que leur situation s'améliore. Mais pour nous, rien.

Moi : ... Des mesures vont être prises.

F. : Tu y crois, toi ? Moi pas du tout. Écoute, je possède une voiture que j'ai fini de payer il y a trois mois. Il me reste encore six années à payer pour ma maison, qui maintenant n'existe plus. Mais la dette, elle, continue d'exister. Et posséder une Hyundai et une modeste maison, c'est être riche aux yeux de l'étranger et aux yeux des démagogues haïtiens.

Moi : De toute façon, on ne peut pas construire la démocratie sans classe moyenne ni organiser une relance économique sans elle. »

Je sais qu'en écrivant ces mots je suis en train d'énoncer une pure fiction théorique, mais je le fais comme pour me convaincre moi-même et me rassurer.

« Mais tu n'as rien compris, répond F., la pauvreté absolue, c'est leur fonds de commerce. Et l'image du pauvre est un cliché utile. Je serai acculée à dormir dans ma voiture et à devenir vraiment pauvre. À ce moment-là, on s'occupera peut-être de moi.

Moi : Pense aux enfants.

F. : Mon aîné est en troisième année de médecine à l'université d'État et cela fait bientôt une année que les cours ne sont plus dispensés. Mon dernier fils est à Saint-Louis de Gonzague. L'école a subi des dommages le 12 janvier et la cour est occupée par les tentes de sans-abris qui pour l'instant n'ont pas d'endroit où aller.

Moi : Force-toi à envisager des perspectives.

F. : Non. Parce que de toute façon j'appartiens à la catégorie que l'on ne voit pas. Les cadres de ce pays n'en finissent pas de s'en aller. Et toute la politique des nationaux et des internationaux est menée pour que nous partions ailleurs. J'ai voulu rester et je paie cher mon nationalisme.

Moi : ... »

Au moment où je rédige de mémoire ce dialogue, l'université de son fils n'a toujours pas rouvert, les propositions d'évacuation de la cour de l'école de son deuxième fils sont bloquées. Mais mieux, une ONG internationalement connue avance l'argument qu'il s'agit d'une école bourgeoise, et un grand quotidien de Los Angeles que mille élèves qui ne vont pas à l'école, ce n'est pas grave, car il y a là trois mille personnes nécessiteuses sous des tentes. Pourquoi, au lieu d'exacerber un conflit, ne pas tenter d'abord, comme ils l'auraient fait chez eux, de trouver l'issue qui lèse le moins les deux parties ?

Ces mille enfants sont loin d'être des enfants de la bourgeoisie. Cela fait déjà trois décennies que Saint-Louis de Gonzague forme les enfants de la classe moyenne et très moyenne. Les enfants de la moyenne et haute bourgeoisie fréquentent d'autres écoles internationales que les ONG et les journalistes ne peuvent pas empêcher de fonctionner.

Mais mieux, j'ai reçu dans ma boîte des propositions de pas moins de trois agences pour émigrer au Canada. Toute une vague de professionnels a de nouveau fait le saut. Dans quelques mois, je lirai dans les rapports internationaux, dont ceux du Canada, qu'Haïti inquiète. Qu'elle ne peut ni absorber l'aide ni s'organiser, faute de cadres. On reprend d'une main ce que l'on donne de l'autre. Une manière de nous maintenir dans le même état et de continuer finalement la même politique. La logique tient de bout en bout.

On s'enfonce, on s'enfonce ! F., que tu as raison...

21

LE PRIVILÈGE EST UNE TERRE ÉTRANGÈRE

DE PLUS EN PLUS DIFFICILE de sortir de mon impasse le matin et d'y rentrer l'après-midi. Une ONG s'est récemment installée juste à l'angle. Les prix des loyers ont flambé à une vitesse telle qu'il est désormais quasi impossible pour un Haïtien moyen de se loger décemment ou de louer un espace pour lancer une entreprise, petite ou moyenne. Les agences de location de voitures, qui pratiquaient déjà des tarifs défiant toute logique, sont dépassées par la demande, et les particuliers ont pris le relais. Des voitures sont louées aujourd'hui en République dominicaine. Tout cela a entraîné une augmentation du prix des fruits et légumes au marché, des produits de consommation dans les supermarchés, et des embouteillages énormes. Une spirale dont on ne se sortira pas indemnes. La présence des ONG s'est donc nettement affirmée : entre six et huit mille, et même dix mille, selon les sources, ce qui fait d'Haïti le pays à plus forte concentration d'ONG par habitant. Du jamais vu. Allons-nous pour autant être sauvés ? Je ne le crois pas. Dans l'urgence certaines ONG ont accompli un travail remarquable que personne ne saurait nier. Mais sommes-nous condamnés à être en permanence en salle de réanimation avec à notre chevet un personnel hospitalier pléthorique ? Qu'est-ce qui est fait pour que les malades que nous sommes se remettent sur pied ? Le malade souhaite-t-il seulement reprendre pied ? Et si à la longue la maladie finissait par arranger le malade, et le personnel soignant, dans une même morbidité ? À moins que ?

Il y a eu une agitation sensible du côté de la communauté internationale, que beaucoup avaient perçue comme un réveil capable de donner un nouveau contenu à la solidarité planétaire. L'agitation est encore palpable malgré un essoufflement dont nous connaissons si bien les signes. L'aide ne fait pas sortir de la pauvreté. Roody dit avec raison que ce bouche-à-bouche artificiel n'a jamais réanimé aucune société malade du sous-développement, ni aucun État atteint dans sa nature, pourrait-on ajouter. Notre État à nous a déjà été affublé dans le passé de tous les noms, État patrimonial, faible, dépendant, prédateur et, aujourd'hui, failli. Et pour cause : depuis des années notre gouvernance n'est pas à la mesure des défis de toujours. Comment aurait-elle pu être aujourd'hui à la hauteur de ce malheur ? Mais son échec est celui des élites, tous secteurs confondus (politiques, économiques, intellectuelles et celles de la diaspora).

À quelques mètres de cette ONG américaine qui empoisonne désormais la vie de l'impasse, le camp de la place Boyer finit de s'organiser. Les porte-voix continuent de claironner les consignes d'hygiène et de prévention contre les MST, et particulièrement le SIDA, contre la diphtérie et autres maladies de promiscuité. Avec des toilettes et des douches enfin fonctionnelles, les odeurs nauséabondes n'empestent plus autant l'air. Ça, c'est pour l'organisation mise en place par les ONG et les autorités. Elle a permis d'éviter les grandes épidémies. Mais cette organisation s'est en réalité greffée sur une autre, faite de voix, de rires, de bâillements, de colères subites. *Difficile d'entendre ces voix et ces rires sans penser à la douleur qui se cache derrière les paupières, sous le torse, au creux des reins et le long des mollets fatigués de courir vers rien. Ces voix et ces rires qui expliquent aussi pourquoi le malheur trouve toujours dans cette île toute la place pour faire pousser ses ailes et grandir, mais pas assez de place pour être tout seul non plus* [1].

Alors, ce camp, on dirait un tableau de Jérôme Bosch mais revisité par l'humour décalé du peintre haïtien Rigaud Benoit et par le burlesque politique d'un autre peintre haïtien, Édouard Duval-Carrié. Une femme assise sur une chaise se fait faire les sourcils par un « esthéticien » improvisé de l'autre côté de la rue. Peut-être ne dispose-t-elle pas des quelques sous nécessaires pour se faire plus belle dans un

---

* *La Couleur de l'aube.*

salon précaire du camp. Des enfants apprennent à monter à bicyclette, des ados à mobylette, et ils font le tour de la place Boyer sur le parcours qui servait déjà de piste d'essai à tous les apprentis conducteurs de Pétion-Ville et d'ailleurs.

Un camion-conteneur, sorte de caverne ambulante d'Ali Baba, se gare tous les matins juste à un tournant de la place. Le propriétaire de la caverne vend de tout : bricoles usagées ou neuves, télévisions, planches à repasser, animaux en peluche, vêtements, lampes de poche, assiettes et verres en plastique, chaises de bureau. La caverne ne désemplit pas. On achète, on essaie des vêtements, on discute les prix. Des commerçants moins fortunés accrochent sur un fil, devant leurs tentes, les menus objets qu'un mandat envoyé de l'étranger par un parent leur a permis d'acheter : deux paires de chaussettes, des piles pour transistors, quelques sous-vêtements... Les restauratrices ont installé leurs « chaudières » à même le trottoir et proposent des menus du jour composés souvent de ce même riz que les ONG distribuent, comme l'eau et les bâches pour construire des abris à défaut de vraies tentes. Les bâches sont vendues, accrochées au mur de la maison d'une rue adjacente. Les compagnies de téléphone offrent encore des minutes gratuites. Une ONG projette des films sur un grand écran installé à l'entrée sud de la place. On parle même d'écoles qui fonctionneront bientôt dans des camps et de maisons livrées clés en main. Certains dont les maisons n'ont pas été endommagées les louent et s'installent dans les camps (et pourquoi pas ?) afin de bénéficier d'une « manne » tout à fait élémentaire mais à laquelle ils n'auraient jamais eu ni droit ni accès. Nous attendons un relogement, progressif nous en sommes conscients, mais dans une décence minimale, de ces milliers de personnes.

Ne pas avoir peur du manque ni de la souffrance et organiser dans une parfaite cohérence ce que les autres perçoivent comme un chaos, telles sont les deux lois qui ont toujours gouverné avant et qui gouvernent ces espaces aujourd'hui. Qui en font peut-être aussi la non-lisibilité pour qui ne veut pas prendre le temps d'apprendre cette syntaxe et ce lexique. La résilience est devenue le terme commode, hâtif, souvent teinté d'exotisme, pour en parler, presque comme d'une essence. Le racisme n'est pas loin non plus.

Mais ma question est la suivante : allons-nous laisser (citoyens, partis politiques et gouvernement compris) les seules ONG décrypter ce lexique et cette syntaxe (proximité oblige), et perpétuer ainsi la séculaire distance entre ceux qui ont et ceux qui n'ont pas ? Les partis politiques n'ont toujours pas compris pourquoi aucune de leurs tentatives de mobilisation n'a pu mordre, faute d'avoir été entre autres présents dans les camps et d'avoir essayé de comprendre de près ce qui s'y jouait. Certains hommes politiques ont préféré en effet se répandre dans une interminable logorrhée sur les ondes. Or cette absence a un prix. Que les partis paient déjà. Le gouvernement paiera plus tard. Sa position et le temps jouent pour le moment en sa faveur.

Il m'est arrivé quelquefois avant le 12 janvier que des jeunes de milieu populaire me demandent ma nationalité, quand je les rencontrais pour la première fois. Mais la même question s'est agrémentée d'une nuance de taille dans le camp du Pétion-Ville Club :

« Tu es américaine ?

– Non.

– Tu es martiniquaise ?

– Non.

– Tu es africaine ?

– Non.

– Alors tu es de l'Oxfam ? »

Jamais le tout jeune Samy, qui considère désormais l'Oxfam comme un pays, ne m'a demandé si j'étais haïtienne. Comment récupérer notre souveraineté quand les forces politiques qui la réclament à cor et à cri sont quasiment absentes des camps aujourd'hui, et des milieux populaires urbains ou ruraux en général ? Quand les forces économiques se contentent de saupoudrage dispersé, quand l'État n'initie aucune tentative à grande échelle pour casser la défiance et entamer le long travail de réparation du tissu social en lambeaux ? Que compte-t-on reconstruire exactement avec un tel tissu social ? Je ne le sais toujours pas.

Nous buvons la coupe de la honte, la nuque baissée, c'est tout.

22

LE BALBUTIEMENT DES COMMENCEMENTS

QUAND, À L'ANGLE DE L'AVENUE Martin-Luther-King, Nathalie lui demanda ce qu'il pensait du jeune stagiaire qu'ils avaient embauché une quinzaine de jours auparavant, il mit quelques secondes à répondre. Il venait de décider de penser à autre chose. À cette ville qu'il aimait il ne savait pourquoi. Qui faisait remonter quelquefois l'angoisse en boules nauséeuses. Qui lui avait toujours semblé plus que n'importe quelle autre à égale distance de la vie et de la mort. Ville Gédé * jusqu'à la moelle.

Il répondit d'abord de très loin à Nathalie. Puis de plus en plus près. À cause de sa bouche, de ses yeux ou de sa voix. Il ne savait pas très bien, mais il lui était difficile de tenir longtemps son cœur tranquille à quai. Alors la conversation entre eux reprit dans le même mélange de désordre enchanté et de mensonges convenus. Tous deux acceptaient tacitement cette conversation fausse. Nathalie supposait des choses qui n'étaient pas dites et se prenait la tête malgré elle.

---

* Dieu vaudou qui incarne le couple Éros et Thanatos.

Guillaume faisait précisément attention pour ne pas trop donner à entendre. Comment sceller si vite une quelconque connivence ?

Autant dire qu'au moment où ils abordèrent la montée dans sa rue, leur spontanéité à tous deux était défaite. Ils jouaient à un jeu connu de tous les deux. Lui aurait voulu y mettre un terme au plus vite. Elle voulait et avait presque peur de vouloir.

Ils étaient juste dans le balbutiement des commencements. C'était étrange, mais c'était comme ça.

Du portail à l'entrée de l'immeuble, ils avaient marché sans se parler. Les mots étaient-ils vraiment nécessaires ? Ils auraient sans doute à ce moment-là tous sonné encore plus faux. Le silence parlait à leur place. Et c'était très bien ainsi.

23

LES AMIS DU DIMANCHE MATIN

MA DEUXIÈME PAUSE RITUELLE, souvent je la fais avec M. et sa femme D. le dimanche matin, et je m'apprête, ce dimanche, à reprendre mes bonnes habitudes. Je me réveille dans une couleur et une rumeur de dimanche oubliées depuis le 12 janvier. Dans le bidonville derrière le mur, à droite de ma chambre, les joueurs de dominos ont de nouveau installé leur table, avec les premiers rayons du soleil, et frappent bruyamment leurs pions. Un nouveau DJ fraîchement arrivé, et bien plus proche de ma chambre que les premiers, joue la dernière composition d'Arly Larivière *, qu'il ponctue toutes les minutes de cris tantôt aigus, tantôt gutturaux, mais d'un contentement évident : « *Woooooy !!! Anmweeeey !!!* » Tant pis pour ceux qui n'aiment pas Arly Larivière ou qui veulent tout simplement un peu de silence comme moi. Tant pis pour le service protestant qui se déroule à quelques mètres. Les

_____

* Compositeur et chanteur haïtien très en vogue à la fin de l'année 2009.

fidèles ont d'ailleurs mis plus d'ardeur à leur chant, faisant monter les décibels à la suite du pasteur qui hurle un psaume au micro et qui lui aussi nous inflige sa foi bruyante. De toute évidence, les jours commencent à ronger la douleur, à rogner la mémoire. « Je suis douée de mémoire. Je connais l'oubli. » L'ordinaire des jours très ordinaires tisse sa toile, tranquille.

La radio annonce les nouvelles mesures du PAM pour la distribution de nourriture. Seules les femmes dûment identifiées peuvent faire la queue pour venir récupérer l'aide. Cette mesure sera détournée dans peu de temps. De toute façon, à la longue, l'aide pervertit ceux qui donnent et ceux qui reçoivent. Un membre de l'exécutif parle de l'absence totale de pouvoir de contrôle sur les ONG par le gouvernement et du danger évident, avec la distribution massive d'aide alimentaire, pour la production agricole locale qui, en 2009, se remettait timidement d'un long coma. Qui donc organisera la sortie du coma ?

Le regard d'historien de M. jette toujours un éclairage en profondeur sur mes lancinantes interrogations d'écrivain. Nous évoquons la catastrophe qui a fait sortir Haïti de l'oubli. Qui a fait pousser à un homme comme Colin Powell un cri de révolte (exceptionnel pour un homme politique), affirmant que les États-Unis devaient des milliards à Haïti puisqu'ils avaient travaillé pendant deux cents ans à l'écrasement de ce pays en l'utilisant comme propriété, arrière-cour, dépotoir et cour de récréation. Qui a fait qu'un homme comme Clinton éprouve le besoin de demander pardon (fait tout aussi rare pour un homme politique) d'avoir injustement exigé la libéralisation brutale du marché haïtien (avec des complices locaux). Ce qui a conduit à l'asphyxie de la production locale de riz et à des changements néfastes dans les modèles de consommation alimentaire. Des historiens et des journalistes de la Caraïbe, de l'Afrique, du Moyen-Orient, de l'Amérique latine, éprouvent désormais le besoin de découvrir, de rappeler et de mettre en lumière, partant de l'histoire d'Haïti, des faits essentiels, indispensables à la compréhension des rapports Nord-Sud et des contradictions d'une modernité qui n'a pas tenu toutes ses promesses. Certaines dettes sont inépuisables.

Mais, ce dimanche-là, j'y vais de ma première obsession : Haïti, contrairement à la République dominicaine et à Cuba, a répondu à la démesure de l'esclavage à Saint-Domingue par une démesure égale, en détruisant la quasi-totalité des infrastructures économiques du système de plantation. Elle a, du même coup, enterré dans ces ruines une manière d'organiser et de concevoir le monde propre à la modernité. Cuba et la République dominicaine, ayant été plus longtemps colonisées et n'ayant pas détruit l'infrastructure économique, ont trouvé les bases pour asseoir les deux systèmes nés de la modernité : le socialisme et le capitalisme.

Notre parcours est bien différent de celui de ces deux voisines. Il est atypique. Comment réconcilier tout cela ? Je suis d'humeur théorique. Un peu trop peut-être, mais je veux comprendre.

M. me demande de nuancer sur l'idée d'une Haïti qui n'aurait fait que reculer depuis 1804. Ce n'est pas exactement mon propos de départ, mais j'écoute. L'idée d'un dix-neuvième siècle haïtien tel que nos manuels nous l'ont appris, ou tel qu'une certaine opinion en Occident avait intérêt à le véhiculer, a déformé la réalité. La République dominicaine a été nettement plus instable qu'Haïti au dix-neuvième siècle. En septembre 1930, Haïti a établi un véritable pont aérien pour venir en aide à la République dominicaine ravagée par un cyclone. Il me répondait de biais sans me donner tout à fait tort, mais me répondait quand même. Haïti a fait face à un énorme défi, poursuit-il. Tout était à réinventer entre des ethnies africaines disparates et entre deux groupes sociaux aux intérêts divergents et aux conceptions du monde différentes. Et quelque chose se réinventera bon gré mal gré entre 1804 et 1915 (date de la première occupation américaine), à commencer par une décentralisation dont cette occupation viendra irrémédiablement inverser le cours, aidée en cela des années plus tard par le régime de Duvalier. Cette chose a dû d'autant plus se réinventer que les puissances de l'époque ne nous ont pas fait de cadeau. Que la colonisation française, contrairement à la colonisation espagnole dite d'implantation, a peu laissé : aucun système législatif, aucun système éducatif, aucun urbanisme. Il s'agissait pour les colons de venir amasser une fortune rapide dans un repaire de flibuste et de rapine avant de retourner en France.

Oui mais pourquoi n'avons-nous pas su créer malgré tout les conditions pour qu'une majorité vive décemment ? En un éclair, je me récite à moi-même certains dialogues de *La Tragédie du roi Christophe*, mais impossible de poser cette question à M. à cause de l'arrivée bruyante de L. L. n'a même pas le temps de s'asseoir que nous lui demandons son avis sur l'ampleur du phénomène religieux protestant aujourd'hui. Et pour cause. L. est un anthropologue des religions. Il nous parle de cette dame haute en couleur, venue des États-Unis et qui prétend avoir parlé à Dieu. Elle a fait main basse sur des postes de radio, détrônant les ténors politiques, et elle a prédit la mort dans d'affreuses souffrances de tous ceux qui, le 12 février, ne se prosterneraient pas pour invoquer Dieu. Qui dit mieux pour soulager une population déjà aux prises avec tant de malheurs ? L. nous fait part d'un recul du vaudou et du catholicisme, comme de la montée de toutes sortes de syncrétismes. Le plus important de ces syncrétismes, surtout dans les quartiers marginaux des grandes villes, est sans aucun doute l'Armée céleste, sorte de mélange de pentecôtisme et du vaudou. Je garde des images indélébiles d'une journée avec L. dans un de ces quartiers pour assister à un long service d'une de ces armées célestes.

L'historien et l'anthropologue ne jettent pas toujours un éclairage similaire sur les faits et, de surcroît, ils ont des personnalités différentes. Parler à M. est un plaisir, parler à L. aussi, mais quand ils sont en présence l'un de l'autre, parler aux deux décuple le plaisir.

Si le samedi un sage potage nous aide à refaire Haïti et le monde, les dimanches matin nous préférons le feu du rhum ou de la tequila (M. et son épouse D. ont vécu un long exil au Mexique sous la dictature de Duvalier). Nous poursuivrons la conversation jusqu'à fort tard.

24

L'*HOMO POLITICUS* OU L'UNE DES FACES DE JANUS

EN RENDANT VISITE À S., ma voisine, je croise dans l'impasse Alex, son petit-fils. Alex se sent bien seul depuis le départ de son frère plus âgé, de Sarah et de Chloé. Alex a pris le pli de venir passer de longs moments en compagnie de ma mère. Je surprends quelquefois leurs conversations. Alex opine et pose des questions sur tout. S. et moi, nous évoquons en riant cet attachement d'un jeune garçon de neuf ans à une femme de quatre-vingt-cinq ans. S. et moi commentons la conjoncture autour d'une tasse de café. J'évoque quelques-unes des voix tonitruantes de nos hommes et de nos femmes politiques. Difficile d'y échapper à l'approche de la période électorale. J'annonce à S. que j'écris quelque chose dont je ne connais pas exactement la forme finale, mais que je maintiens le cap. Et je lui dis que la reconstruction, la vraie, doit passer par la mise en place de conditions autres que celles qui ont créé l'*homo politicus* haïtien d'aujourd'hui. Je la quitte et poursuis seule mes réflexions.

L'*homo politicus*, quand il n'est pas au pouvoir, doit affronter un certain nombre de difficultés majeures. La première est la défiance endémique de la population, dont certains, semble-t-il, n'ont pas encore mesuré le poids énorme. Défiance qui suscite un penchant évident pour les mouvements électoraux spontanés et éphémères plutôt que l'implication dans des partis politiques dont la vocation est précisément de s'organiser et de s'inscrire dans la durée.

La deuxième difficulté tient dans les obstacles qu'immanquablement tout pouvoir en place dresse sur le chemin de l'opposition. Dresser des obstacles constitue une des activités de prédilection des pouvoirs en place.

La troisième difficulté, et non la moindre, tient dans la précarité. Comment arriver jusqu'au gâteau national quand on a peu ou pas de moyens et que les campagnes électorales deviennent de plus en plus coûteuses ? Comment le faire quand on compte précisément sur l'accès à une fonction pour se faire rapidement une santé financière et s'acquitter ensuite des obligations communautaires liées à la culture de solidarité de la société traditionnelle ? Car s'il s'agit de *manger*, il s'agit aussi de *ne pas manger seul*, selon le dicton populaire. Alors toutes les occasions sont bonnes, y compris bien sûr la corruption.

La conséquence première est que le pouvoir, l'*homo politicus* préfère le plus souvent l'assauter, réclamer des gouvernements de salut public, sans passage par les urnes, plutôt que de s'adonner au lent travail d'organisation de la prise du pouvoir en commençant par vaincre la défiance séculaire. Et, Haïti étant un pays où la terre glisse sous les pieds, entendez par là un pays imprévisible, certains *homo politicus* s'arrangent pour être détenteurs soit d'un autre passeport soit d'une résidence dans un pays où la terre ne glisse pas sous les pieds (États-Unis ou Canada). Souvent ils y installent femmes et enfants. À ce prototype est venu s'ajouter celui du candidat ayant trempé dans des affaires illicites, et qui doit trouver une immunité qui le mette à l'abri, même provisoirement, des poursuites d'Interpol ou de la DEA, organisme chargé de lutter contre le trafic de stupéfiants.

Mais, dans un pays de Créoles et de Bossales, on ne saurait minimiser le besoin éperdu de reconnaissance et le poids anachronique de la question de la couleur. Le terrain politique est quasiment occupé par des Créoles noirs ou aspirant à ce statut, la politique constituant à leurs yeux un des seuls espaces d'affirmation de soi. D'où cet investissement émotionnel énorme pour occuper les coulisses du pouvoir ou ses cénacles enchantés. Investissement qui atteint son apogée en bouffées délirantes durant les périodes électorales. Et si cet aspirant créole ou ce Créole est né en dehors de Port-au-Prince, il s'agira de surcroît pour lui de venir à la capitale pour jouir d'une autorité ou mieux s'y faire valoir en déclenchant la sirène dans les embouteillages, en prenant les sens interdits dans un 4 × 4 flambant neuf, suivi par un véhicule débordant de gardes du corps. Toutes choses qui feront de lui l'étoile filante de sa ville ou de sa commune d'origine. Cette soif tenace d'affirmation et de visibilité, il la prolongera en fréquentant à Port-au-Prince les cercles d'étrangers, la frange des Créoles mulâtres du pouvoir économique, avec l'espoir secret d'assouvir son fantasme et de se donner du relief social en courtisant une femme à la peau claire ou, mieux, une mulâtresse. Certains sont prêts à se damner pour ces exposants de statut. Il faut relire Frantz Fanon, *Peau noire, masques blancs*, mais surtout Micheline Labelle, *Idéologie de couleur et classes sociales en Haïti*, pour saisir les jeux et enjeux coloristes de la première république noire.

Au milieu de tant de tiraillements et de pesanteurs, il reste évidemment bien peu de place pour une quelconque conviction. Ceux qui se battent en toute bonne foi sur cet échiquier (car ils existent) sont hélas trop peu nombreux pour constituer une masse institutionnelle qui compte. La société demeure bloquée. À quand cette reconstruction-là pour une modernisation des institutions politiques ? Et qui la mettra en mouvement ?

Cette réflexion, je la poursuis en tentant de ranger ma bibliothèque. Cela fait plusieurs jours que je renvoie ce rangement à plus tard. Je n'ai plus le prétexte du meuble qui s'est renversé au moment du tremblement de terre et dont les étagères ont cédé, puisqu'un ébéniste est venu pas plus tard qu'avant-hier me le réparer et me le fixer au mur. Je décide cet après-midi de m'y mettre résolument, même au milieu de toutes ces réflexions. Alors je marque une pause. L'opération à mes yeux n'est pas anodine et prend presque une allure de cérémonial, que j'entoure du même silence que celui que je trouve dans les livres. Lire, c'est ouvrir les portes du silence, y pénétrer à pas feutrés, le cœur battant, et miser gros sur l'inconnu. Ce qu'on apprend dans les livres, dit Christian Bobin, c'est la grammaire du silence. Et cette langue n'a point de fin. Et elle me console. Souvent.

25

L'*HOMO ECONOMICUS* OU L'AUTRE FACE DE JANUS

EN PASSANT PRÈS DES LIVRES dispersés au sol, il arrivait souvent que mon œil accroche un auteur, romancier ou poète – Durrell ou Éluard –, ou un titre – *L'Incroyable et Triste Histoire de la candide Erendira et de sa grand-mère diabolique* ou *Alcools*. Et puis il y avait tous les autres, achetés ou offerts, lus et relus, ceux jamais lus dont on repousse toujours la lecture à plus tard et ceux qu'on n'a lus qu'une seule fois. C'est tout. Ranger les livres ou repasser des années de vie, c'est la même chose. Les années ont la même couleur et la même odeur que les pages fermées que l'on feuillette à nouveau. Entre les livres et mes pensées, un va-et-vient ininterrompu cet après-midi-là. Alors, impossible de ne pas évoquer l'autre face de Janus.

Parce que l'*homo economicus*, cette autre face de Janus, est loin d'être en reste. Ayant, tout comme l'*homo politicus*, intégré le dicton de la terre qui glisse, il perpétue dans son mode d'être dans ce pays la tradition de la flibuste et de la rapine du temps de la colonie, qui consiste à faire de l'argent vite et très vite. Il est en général détenteur de deux ou même trois passeports, acquis grâce à différents métissages au cours des siècles, ce qui le met à l'abri de désagréments de tous ordres en cas de dérapage politique. Le Miami de la *middle* ou *upper middle class* de l'Amérique constitue son Éden, son repli et sa banlieue. Ce groupe des *homo economicus* s'est étoffé depuis quelques années grâce à l'acceptation en son sein de Syro-Libanais méprisés jusque-là. Contrairement à l'*homo politicus* qui brille par son ignorance des réalités économiques, l'*homo economicus*, lui, n'a développé que l'intelligence des affaires. En ce sens, ils sont quittes. L'*homo economicus* est en général un pragmatique heureux, à l'imagination paresseuse et au cœur insouciant. Ne voulant pas déroger en s'impliquant directement en politique, il préfère manipuler les ficelles dans les coulisses de tous les pouvoirs, populistes de gauche, de droite, gouvernements provisoires, de putschistes ou de salut public. Peu lui importe ! Et d'ailleurs pourquoi devrait-il s'embarrasser d'états d'âme ? Pour corrompre un *homo politicus*, qui le laissera introduire ses marchandises en contrebande et l'affranchira de toute obligation d'alimenter les caisses de l'État ? Il est partie prenante de la corruption jusqu'au cou mais s'en défendra comme d'une injure sociale.

Et ce serait une erreur de croire qu'il ne participe pas à la course à la reconnaissance. Il est traversé de part en part par les mêmes failles narcissiques, mais à rebours de l'*homo politicus*. Son besoin de reconnaissance s'investit dans un envers du complexe d'infériorité de l'*homo politicus*. Il nourrit sourdement un complexe de supériorité qui se traduit par une suffisance, une arrogance, qui peuvent prendre toutes les nuances du langage et des attitudes. J'ai tenté de saisir sur le vif un de ses fantasmes quant aux attributs supposés de la femme noire dans ce passage de *La Couleur de l'aube* : *Quand je traversai le salon jusqu'à la belle toilette en céramique bleue en dessous de l'escalier, je sentis le regard des invités prestigieux me brûler et me réduire à une définition d'essence. Pour ces bourgeois, mulâtres à la peau claire, je n'étais pas une jeune femme en herbe mais juste la femelle noire d'une espèce avec un simple appareil distinctif : deux seins et un vagin. Une espèce vouée aux cases, aux services ou au lit.*

À certains égards, nous en sommes encore au temps de la colonie de Saint-Domingue.

Les ambitions et les fantasmes sont le lot de l'humanité. Sauf qu'ailleurs les institutions et les lois jouent le rôle de garde-fous et empêchent ces fantasmes et ces ambitions de causer trop de nuisances à la société dans son ensemble. L'émergence récente de quelques très rares *homo economicus* noirs et celle de quelques *homo politicus* mulâtres ou syro-libanais, ainsi qu'un recul de l'endogamie coloriste, n'ont rien changé à ce partage séculaire entre intendants politiques noirs et producteurs économiques mulâtres (et aujourd'hui syro-libanais).

Et la majorité le sait et le sent. Cette grande majorité a-t-elle renoncé pour autant à l'idée que la seule issue à la situation de l'esclave soit que celui-ci devienne à son tour un maître absolu : *homo politicus* ou *homo economicus* ? Pas sûr. L'imaginaire populaire ne serait-il pas lui aussi dans une impasse ? Dans une impasse qui, précisément, nourrit la défiance ?

J'ai continué à ranger ma bibliothèque en vrac. Le classement par ordre alphabétique viendra après. Dans un temps plus propice. Et puis je me suis sentie épuisée. Le cœur n'y était plus vraiment. Alors j'ai écouté de la musique pour la première fois depuis le séisme, tous genres confondus, comme pour rattraper le temps perdu. Miles Davis, Omar Sosa, Emeline Michel, Henry Purcell, Azor et Barbara. Avant d'écrire tard dans la nuit ce qui précède, d'un trait, presque comme on arrache d'un seul geste une dent malade.

26

LA VEILLE DE LA SAINT-VALENTIN

LA VEILLE DE LA SAINT-VALENTIN, un journaliste a promené son micro tard dans la nuit dans le camp du Champ-de-Mars, comme il le fait depuis quelque temps dans différents camps de Port-au-Prince. J'aime évidemment peupler mes insomnies de la parole brute de ces voix anonymes. Ce soir, cap sur les jeunes (je ne sais pas si ce sont les mêmes qui s'étaient mis à genoux à tous les coins de rue la veille). Pour cause de Saint-Valentin. Oui, mondialisation oblige, la Saint-Valentin a déjà envahi les consciences ici. Pas la conscience de tous. Le paysan perché du côté de Ranquitte ou de Thiotte n'en a peut-être jamais entendu parler.

La population rurale se réduisant tous les jours comme une peau de chagrin dans toute l'Amérique latine, on ne peut que prévoir une prospérité certaine et une longue vie aux fabricants de chocolats, aux *telenovelas*, aux romans à l'eau de rose et aux rengaines diffusées par les radios. Tout cela mélangé au rap, au reggae et au ragamuffin.

Les garçons comme les filles disent pour la plupart que, malgré la catastrophe, malgré leurs souffrances, ils célébreront ce jour à leur façon. Ils parlent de cette voix nue, exposée, sans prudence. Voix comme seule sait les moduler la nuit. Une éternité semble monter de la nuit. Le 12 janvier a engendré un savoir sans pareil sur la mort. Un savoir que quelquefois seule la jouissance peut approcher. Mort et jouissance sont si proches dans cette nuit...

« Alors, comment tu t'appelles ?

– Erwin.

– Est-ce que tu comptes célébrer le 14 février ? Et d'abord as-tu une amie ?

– Bien sûr que j'en ai une. Et je vais bien trouver quelque chose à faire avec elle. »

Éclats de rires dans la nuit.

« Je suis vivant et je veux le faire savoir à la mort.

– Et comment vas-tu t'y prendre ? demande le journaliste.

– Je lui offrirai juste un bâtonnet de chocolat. Je n'ai pas beaucoup d'argent. Le bureau où je travaillais s'est effondré et mon salaire a été réduit de moitié. Mais je ne me plains pas. Je m'estime encore heureux de pouvoir la regarder me faire les yeux que j'aime quand je lui offrirai le chocolat. »

À côté de lui, son ami dit que lui est au chômage, alors il arrachera des fleurs devant une maison bourgeoise.

Un autre : « Pourvu qu'on ne te tire pas dessus et qu'on ne te ramasse pas à la petite cuillère comme un voleur.

– C'est ce que tu me souhaites ? »

Éclats de rires à nouveau.

B., lui, offrira à sa dulcinée une grande bouteille de son jus de fruit préféré. Les filles sont tout aussi bavardes et s'attendent à être gâtées.

« Et s'il ne peut rien t'offrir ?

– Je l'aimerai quand même, lance Kétia. L'année dernière, il m'a emmenée dans un restaurant au bas de la ville, et c'était cool. »

Une autre : « Pourvu qu'il soit tendre, c'est tout ce que je lui demande. »

Les filles rient.

Le journaliste avance vers deux couples :

« Qu'avez-vous fait l'année dernière ? »

La jeune fille répond que Thony l'a emmenée boire un verre de vin.

« C'était la première fois que je buvais du vin. Et j'ai beaucoup aimé ça. »

L'autre couple avait dansé toute la nuit. Ils rient sous cape et leurs rires disent qu'ils n'ont pas fait que danser.

27

Un désir déjà bavard

Au-dedans de Nathalie, point de silence, mais un étonnement qui la forçait à se répéter à elle-même : il n'est pas beau, il n'a aucun charme particulier, qu'est-ce qui peut bien me retenir là, auprès de cet homme ? Et puis bien sûr qu'elle avait des doutes sur cet homme dont elle savait que la femme résidait en Amérique du Nord depuis des années avec leurs deux enfants. Une femme qui l'avait laissé à ses rêves impossibles, à ses frustrations d'homme qui échoue à les matérialiser, et peut-être à ses aventures. Qui sait ? Nathalie se demandait pourquoi diable il n'était pas encore parti la rejoindre et s'inventait des raisons qui la rassuraient, les gommant aussitôt pour en échafauder d'autres qui la mettaient en danger.

Guillaume avait suivi Nathalie quand elle avait emprunté les escaliers vers le deuxième étage où elle logeait, tout de suite à droite sur le palier. Devant la porte de l'appartement, Nathalie voulut attraper sa clé à l'endroit précis où elle la rangeait d'habitude, mais ne la trouva pas. Par deux fois elle essaya, mais en vain. Elle s'en voulut de ce contretemps qui donnait un avantage certain à Guillaume. Au moment où, à bout de patience, elle s'apprêtait à renverser le contenu de son sac sur une des marches de l'escalier, elle finit par trouver cette maudite clé.

Face à cette femme qui lui plaisait, Guillaume cultivait le silence et s'en servait pour apaiser cette part de lui-même qui le poussait déjà à vouloir glisser les mains sous ses vêtements et à poser ses lèvres sur sa peau. Les hommes sont ainsi faits.

28

LES AMIS DU DIMANCHE SOIR

SUR LA ROUTE qui mène jusqu'à la maison de S. et de J., j'ai pensé à la place de l'intellectuel dans tout ça. Sa situation, qu'il soit engagé ou non dans un parti ou un groupe de la société civile, est ambiguë et contradictoire. Je l'ai écrit dès 1990 dans *L'Exil, entre l'ancrage et la fuite : l'écrivain haïtien*. Son exil en terre d'Haïti est triple, quadruple même. S'il est celui de tout créateur ou de tout intellectuel partout ailleurs, il confronte ici l'exil de l'écriture dans une société encore orale, celui de la langue française et celui de la distance avec la culture populaire rurale et aujourd'hui urbaine. Et puis l'intellectuel est traversé par les tiraillements qui sont ceux des *homo politicus*.

À leur instar, nous sommes sans support institutionnel réel, université ou centre de recherches, exposés à la précarité et poussés par le même besoin obsessionnel de visibilité. Mais nous représentons malgré tout un pouvoir, infime s'il en est. L'unique quotidien en langue française tirant à moins de vingt mille exemplaires pour une population de neuf millions d'habitants. Pas de quoi provoquer un quelconque vertige. Mais un pouvoir quand même. Alors les luttes en notre sein sont aussi féroces qu'ailleurs. Les kalachnikovs ne sont pas visibles, le sang ne gicle pas, mais c'est tout comme. Et paradoxalement ces luttes creusent plus profondément chaque jour le lit de notre insignifiance et de notre malheur. Nous aurions donc tort, nous intellectuels, de nous croire indemnes ou de nous poser en donneurs de leçons.

Commençons peut-être par formuler les questions autrement que nous ne l'avons fait jusque-là et tentons de puiser des propositions ailleurs que dans des gisements depuis longtemps éteints, alors que la complexité du monde s'est considérablement renforcée ces dernières décennies. Et, surtout, gardons-nous de nous prendre pour les justiciers que nous ne sommes pas. La véhémence des discours ne recoupe pas toujours la logique des actes.

Le chemin jusqu'au domicile de S. et de J. n'est pas très long. J'ai arrêté là mes interrogations.

J. et S. ont ouvert une partie de leur propriété à des sinistrés de la zone et vivent sous des tentes depuis des semaines. Leur bureau, qui s'est effondré au bas de la ville, a été lui aussi transféré sous une tente. Des organisations féministes venues de la Caraïbe hispanophone sous l'impulsion de Maria, féministe portoricaine, sont aussi installées sous une des tentes. Une véritable ruche et un vrai casse-tête pour S., qui doit rendre vivable pour tous ce qui est devenu un vrai village. Le savoir-faire et la générosité de S. auront quotidiennement raison des embûches et difficultés. Les gens sortent, passent, s'en vont, reviennent. Une agitation invraisemblable. Ce qui ne nous empêche pas de nous rencontrer désormais sous deux grandes bâches attachées au mur d'entrée. Question de ne pas perdre nos bonnes habitudes malgré le malheur alentour.

Autour d'un repas improvisé, précédé de marinades piquantes à point et qui font toujours l'unanimité, nous évoquons ce soir-là la question de la corruption. Le piment n'est pour rien dans le choix du sujet. C'est une des spécialités de la maison. J. est révolté par la corruption qui gangrène les institutions. J. a raison mais je précise, « certaines institutions » et non pas « toutes », pour ne pas tomber dans le piège de l'idée de savane. J. acquiesce en partie. Et j'ajoute qu'il faut aussi, de la part des organisations qui combattent cette corruption, une plus grande cohérence dans leurs dénonciations et leurs actions. Que des membres de ces organisations ne prennent pas, parfois publiquement, fait et cause pour des personnes aux pratiques mafieuses ! Et mieux, que certains avocats en leur sein n'aillent pas défendre des individus plus que douteux ! Une telle confusion, outre qu'elle renforce l'impunité à l'intérieur, fait planer auprès du grand public un doute certain et sert d'argument fondé à l'international. Mais je sais aussi que la question de la couleur et la question sociale traversent celle de la corruption. Je l'ai déjà écrit : « À la corruption vient se greffer la question historique du phénotype. Si un gouvernement sévit contre un Noir pour fait de corruption, il hurlera, avec toute une cohorte, que la couleur de sa peau justifie la corruption, puisqu'elle se trouve être celle de la majorité pauvre de la population. Si c'est un mulâtre qui est épinglé, il s'écriera, avec ses amis, que l'on veut lui faire payer sa couleur claire et le fait que, depuis la colonisation, il a une longueur d'avance dans l'accumulation et le savoir-faire légué par son aïeul, le colon blanc *. » Les réseaux de la justice (et ils existent) qui se sont fait une spécialité de la défense de ces pratiques peuvent se frotter les mains. L'avenir leur sourit...

Les débats étaient quelquefois véhéments avant le 12 janvier. Ils continuent de l'être sous les deux bâches bleues après le 12 janvier. Les silences de J. sont toujours aussi remarquables. J. pratique un art consommé du silence et de la lenteur. Il en sort souvent pour nous ramener des pépites puisées dans ses méandres secrets. Et nous écoutons. Nous parlons de tous ces journalistes étrangers qui lui ont rendu visite. Et de leur difficulté à comprendre. Quelques-uns sont venus me voir aussi.

Alors, ce soir, histoire de nous réchauffer le cœur dans la grande jubilation des mots, nous évoquons à nouveau

---

* *Libération*, « Gomorra à la haïtienne », samedi 20 décembre 2008.

Madison Smartt Bell et Russell Banks, les deux écrivains étrangers qui, hormis Césaire, ont à mon sens le mieux saisi ce qui s'est joué et se joue dans nos vingt-sept mille kilomètres carrés. La littérature a cet énorme et miraculeux pouvoir de nous donner, davantage que toute explication ou information, la saveur du monde. Il faut lire *Le Soulèvement des âmes*, de Madison Smartt Bell, pour comprendre ce qui s'est mis en place au début de la révolution de Saint-Domingue avec Toussaint Louverture. Tout y est peint dans une fresque lumineuse, l'épuisement des esclaves dans les plantations, les dîners des maîtres, les théâtres, les cruautés banalisées, les alcôves des mulâtresses, les marchés improvisés dans les ports, le grand commerce et la révolte qui fermente. Au fil des pages, on saisit mieux comment la démesure est l'aune de ce qui nous a mis au monde. Et pourquoi il nous est si difficile d'en sortir. On ressent la houle silencieuse qui nous remue le sang depuis.

Banks, dans *Continents à la dérive*, fait converger deux destinées, celle d'un ouvrier du Nord-Est américain, descendant vers la Floride en quête d'un Eldorado, et celle d'une jeune paysanne haïtienne d'une bourgade perdue du Nord-Ouest de l'île, bravant l'océan et tous les malheurs sous l'œil de ses dieux. Il m'a toujours semblé que tout était dit dans ce texte sur les destinées broyées par une machine infernale elle-même prise dans la grande entropie du monde. Le mouvement de ce grand opéra sombre semble suivre celui du déplacement des continents, et on n'avance pas dans ces pages. On s'enfonce, happé par une lumière noire.

À la maison, je me branche sur Skype (qui a offert des minutes gratuites aux Haïtiens pour des appels vers l'étranger) et j'appelle mon fils aîné et ma sœur. B., mon fils cadet, est parti pour la République dominicaine. Nous n'avons pas pu lui parler. Il nous manque fort. Notre tentative pour parler à Noah a été vaine. Il a abandonné le micro, s'est éloigné de l'écran en pleine conversation pour se bagarrer avec sa sœur Sarah.

C'est dimanche. Je ne pourrai pas écouter une de ces émissions relayant la voix de ceux qui mouillent leur chemise. Il y est question de la production de café, de cacao, des initiatives pour organiser les associations de pêcheurs dans le Sud, moderniser leur activité et améliorer leur rendement. De celles qui accompagnent les planteurs de mangues en leur facilitant les prêts, des expériences pédagogiques qui fonctionnent, des tentatives de regroupements régionaux pour se prendre en main. Ces voix que nous n'entendons pas assez, pas assez nombreuses peut-être, et qui nous tirent vers le haut.

29

Un atelier pour se reconstruire

Quand les responsables de la fondation Etre Ayisyen m'ont approchée pour une activité dans les camps, je savais que j'allais pouvoir intervenir dans un domaine qui m'est cher. Cela fait deux années que je travaille avec des jeunes de milieux sociaux différents dans le cadre de projets de documentaires. C'est un choix, dans un pays ou ceux d'en haut, ceux d'en bas et ceux du milieu s'ignorent les uns les autres. Parce que je crois que les mettre ensemble en situation d'apprentissage sur des sujets d'intérêt commun les transforme. Même le temps d'un atelier, pour se reconstruire. Parce que je crois que les images et la parole projetées sur un écran sont un fantastique moyen de communication, et que la réalisation vidéographique est une porte d'entrée intelligente vers les nouvelles technologies. Je travaille avec peu de moyens. La taille de mes projets le permet, évidemment. Mais c'est aussi un choix dans un pays où la logique de l'aide (je l'ai assez dit) est une logique folle qui peut pervertir aussi bien ceux qui la reçoivent que ceux qui la donnent.

Forte de mon expérience passée, j'imagine les contours d'une activité adaptée à cette situation nouvelle et exceptionnelle. J'ai donc pensé à une formule qui a le mérite d'être pour les jeunes à la fois thérapeutique, didactique et ludique. De quoi commencer à dessiner l'avenir autrement.

Une équipe multidisciplinaire est rapidement mise sur pied pour mener à bien cet atelier (la saison des pluies est imminente). Elle est composée de Ronald, d'une professeur de cinéma canadienne, Yolaine, qui a travaillé bénévolement avec moi dans le passé (elle est de passage pour seulement quelques jours), d'un jeune cinéaste haïtien, André, qui a fait ses premières armes dans des projets sociaux dans le quartier populaire de Carrefour-Feuilles, et d'un jeune peintre et photographe, Philippe. Tous sont des collaborateurs sur qui je peux compter.

Je me rends avec Yolaine, un matin de février, pour la première fois dans le camp du club de Pétion-Ville, le plus grand et le plus peuplé de la zone métropolitaine. J'y suis introduite par Rolf, un jeune de la faculté des Sciences. J'y rencontre le pasteur Saint-Cyr, qui ne se contente pas de s'occuper du rachat des âmes, mais sert aussi d'interface entre les dix-sept organisations qui interviennent dans le camp auprès de la population haïtienne. Mon premier contact avec le pasteur est prometteur. Il me présente les douze adolescents. Ils sont peu bavards. Leurs yeux scrutent. Ils nous regardent très attentivement. Je connais cette méfiance instinctive, légitime, derrière laquelle il y a malgré tout une pointe de curiosité et d'espoir. Et je prends toujours appui sur cette pierre d'attente là pour avancer.

Pénétrer dans le camp par l'entrée de Bourdon n'est pas chose aisée. Elle est gardée par des militaires américains. Et pour cause. Le club est mitoyen de la résidence de l'ambassadeur américain. Les déplacés logent sur une partie du terrain de golf en contrebas. Et les militaires sont là pour empêcher l'extension du camp. Il faut donc montrer patte blanche. Si mon entrée, le premier jour, s'est faite sans difficulté, je vais très vite me rendre compte que ce n'était que le fruit du hasard, car j'ai dû, pendant les quatorze jours qu'a duré l'atelier, forcer les portes.

Les jeunes arrivent le matin du 27 février chaussés de sandales, les pieds blancs de poussière, les garçons vêtus de bermudas et de grands tee-shirts. Les filles, elles, n'ont pas renoncé à être belles. Même dans le camp, les clivages sont là : deux d'entre eux sont des francophones qui feraient pâlir les jeunes des meilleurs lycées de France, d'autres manient le français avec difficulté, d'autres encore sont des créolophones unilingues. On a décidé de commencer par une thérapie de groupe. La thérapie nous a semblé un préalable indispensable pour que les adolescents se libèrent de leur trauma du 12 janvier, soient mieux dans leur peau et en mesure d'aller plus légers vers les autres dans le camp pendant le travail de tournage. L'investissement émotionnel de ce matin-là est intense. Certains ont perdu des parents, des amis, des camarades de classe, des voisins. Les mots finiront par passer par des gorges nouées. Des larmes montent aux yeux, coulent le long des joues. Nous, de l'équipe, sommes émus, silencieux jusqu'au recueillement. C'est la première fois qu'ils parlent de leurs souffrances de manière aussi libre, aussi ouverte. La séance se terminera sur les paroles de Gaétan, qui n'a perdu aucun parent ni ami, mais se dit hanté jusque dans son sommeil par deux yeux qu'il a entrevus sous les décombres, et par une voix qui sortait des gravats pour demander de l'aide : « Mon petit, je t'en supplie, sors-moi de là. » Il a tout fait, trois jours durant, pour sortir cette personne dont la voix faiblissait à mesure et dont les yeux s'éteignaient. Le matin du quatrième jour, il n'a plus entendu la voix et n'a vu qu'un front baissé. Depuis, il ne peut plus passer dans cette rue. Cet échange/écoute a aussi permis aux jeunes de se constituer en un vrai groupe, dans une cohésion qui a renforcé leur estime de soi, leur sens de la solidarité, et décuplé leur efficacité.

Dès l'après-midi de ce premier jour, Yolaine montre la caméra, la démystifie comme elle sait si bien le faire, tout en insistant sur le soin dont il faut l'entourer pour la manipuler. Certains en voient une d'aussi près pour la première fois. L'attention est soutenue. Les langues ne se délient pas encore. Mais toucher la caméra est déjà un premier petit bonheur qui illumine les regards. Les exercices pratiques du lendemain, comme les premiers visionnages de leur travail avec André, défont les nœuds à mesure. Les premières plaisanteries fusent, les rires aussi, et ils ne s'arrêteront plus. Le caractère ludique de l'activité les métamorphose dès le troisième jour. Nous, de l'équipe, savons à ce moment précis qu'une première manche est gagnée. La seconde manche, c'est la préparation des scénarios puis du tournage. Trois jours de travail pendant lesquels on classe les idées, on les met en cohérence pour parvenir à un tout qui tient la route. Ils approchent ceux qu'ils ont choisi d'interviewer, préparent les questions, repèrent les lieux de tournage. Deux équipes sont constituées, avec chacune son scénario et sa feuille de route. Filmer, c'est aussi planifier, et ils finissent par l'intégrer.

Nous savons que c'est définitivement gagné après le premier jour de tournage. La pluie est tombée dru toute la nuit précédente et un crachin persiste. Pour un baptême du feu, c'en est un. En dépit de la boue, qui rend la marche difficile, et de la pluie, nous sommes parvenus à boucler le programme. Chaque équipe sait qu'il n'y a qu'une caméra et qu'il faut utiliser au mieux le temps imparti. L'accueil dans le camp est positif, bienveillant, enthousiaste même, parce que ce sont des adolescents du lieu qui sont aux commandes. Et cela fait une différence.

Deux documentaires de dix minutes chacun et ayant pour titre : *N ap viv kan menm* et *Jodi pa demen*** sont donc projetés le samedi 28 mars. Il faut là aussi improviser. La projection a lieu sous un arbre, dans l'espace qui sert d'église au pasteur Saint-Cyr. Très vite les tout-petits investissent les premières rangées en s'asseyant sur des bidons vides. Des adultes arrivent avec leurs chaises, d'autres prennent place en rangs serrés autour de l'arbre. Les jeunes réalisateurs, dans leurs habits du dimanche, sont les vedettes de cette soirée. Tous attendent fébrilement les premières images.

Les commentaires fusent de partout, les moments de silence sont palpables. Les spectateurs ne cachent pas leur bonheur de voir sur l'écran un monde qui est le leur, et porté par des enfants du lieu. La soirée se terminera en apothéose avec la projection-surprise de quelques images du making of sur fond de musique rap créole, reprise en chœur par tous.

Nous, de l'équipe d'encadrement, avons bouclé cet atelier avec la même conviction profonde qui nous habitait avant le 12 janvier, celle de l'immense potentiel des jeunes Haïtiens,

---

* *Nous vivons en dépit de tout* et *Les jours se suivent et ne se ressemblent pas.*

de leur soif d'apprendre et de la difficulté du système à les mettre en valeur.

Au cours d'une des séances de préparation à la scénarisation, l'un des jeunes m'a posé cette question : « Yanick, c'est vrai que nous sommes forts dans l'art de la survie mais... Et si nous commencions simplement à vivre ? » Parce qu'en effet survivre, c'est savoir déployer toutes les astuces possibles, du mensonge au vol en passant même par la vente de son corps, pour donner à manger à ses enfants, les envoyer à l'école ou avoir accès à des soins médicaux. Ce savoir-faire-là, ils en sont déjà imprégnés jusqu'à la moelle.

Il y a quelque chose d'exotique à glorifier la résilience des Haïtiens. Nous autres, Haïtiens intellectuels et/ou privilégiés, nous y laissons prendre nous aussi. Quant à l'étranger, il en a fait un tel leitmotiv que c'est devenu un cliché. Vivre, et non survivre, nous rendra certes moins exotiques mais juste banalement vivants.

Cartier-Bresson a défini la photographie comme le fait de « mettre en ligne de mire la tête, l'œil et le cœur. » Et si vivre c'était tout simplement cela ? Nous avions comme seule utopie, dans le cadre de cet atelier, non point d'accorder un privilège (car le privilège n'est pas généralisable), mais de donner l'occasion d'exercer un droit à des adolescents appelés à dessiner l'avenir. Un droit à la vie.

30

Le temps s'étire, mes mots aussi

Mi-août. La plage, pour la première fois depuis le séisme. L'eau est à la température que j'aime. Chaude à souhait. J'ai l'habitude de répéter qu'Haïti n'est ni une carte postale ni un cauchemar. Ce dimanche-là plus que jamais. Je suis juste entre l'eau, le soleil, le sable et le ciel. Ni dans une carte postale, ni dans un cauchemar. Dans quelque chose qui fait doucement chanter mon sang. C'est tout.

Le 12 janvier, le temps s'est figé, chaque seconde lestée. Nous étions sans passé, sans avenir. Dans l'unique sidération de l'instant. Plombés dans un présent étroit et noir.

Toutes ces pages en deux mois et demi pour dire. Les mots sont sortis comme des éclats d'un corps. Certains projectiles m'avaient atteinte bien avant le 12 janvier et s'étaient ce jour-là seulement enfoncés plus profondément dans ma chair. J'en ai presque perdu le souffle et le sommeil, mais j'ai avancé. Je devais le faire. En dépit de mes propres failles.

Au bout du compte, me suis-je mise en danger ou en représentation, ou les deux ? Je ne sais pas.

La projection du documentaire dans le camp du club de Pétion-Ville a eu lieu le 28 mars. En quittant le camp ce soir-là, j'ai regardé autrement les hommes que je croisais, et j'ai eu une pensée pour ces femmes et ces adolescentes qui étaient régulièrement violées.

J'ai arrêté la prise de notes à ce moment-là. Les événements ont succédé les uns aux autres, remuant en nous toutes sortes d'ombres et de clartés, d'interrogations et d'attentes. Ils ont éclairé ces premières notes à rebours. J'ai repris ma rédaction aux premiers jours de juillet.

Six mois après, la succession des jours, des heures et des minutes semble vouloir s'inscrire désormais dans une durée qui est celle du présent de l'habitude et de l'oubli. Le temps s'étire, prend ses aises, retrouve ses marques.

Début mai. Un départ vers Nantes pour poser la première pierre du premier mémorial de la traite des Noirs et de l'esclavage en France. Dans une ville par laquelle a transité, au milieu du dix-huitième siècle, la moitié des bateaux négriers en route vers l'Amérique. Douze années de lutte de la municipalité pour remplir ce devoir de mémoire. Chapeau ! Pour moi, grande émotion sur le quai de la Fosse. Très grande émotion.

Avec la saison chaude et les averses d'août, vivre sous les tentes tourne au cauchemar. La sueur crépite sur la peau comme une eau bouillante, quand les pluies ne transforment pas les lieux en version réduite du déluge.

Certains, qui sont retournés à ce qui reste de leur ancien domicile ou ont pris logement chez des parents ou des amis, ont quitté les camps. Cinquante pour cent de ceux qui avaient déserté Port-au-Prince au lendemain du 12 janvier sont revenus. Le paysage, place Boyer, a pris l'allure d'un « Vive la différence » à la haïtienne. Imaginez des immeubles qui voudraient se donner une allure d'Occident, Manhattan ou Miami, entourant une cour des Miracles du Moyen Âge. Hallucinant télescopage. Deux banques, un magasin d'ameublement *design*, une agence publicitaire, un important point de vente d'une compagnie de téléphones cellulaires et, au milieu, un camp fait de tentes, de piquets de bois soutenant tissus rapiécés, bâches et morceaux de plastique mis bout à bout pour constituer des abris. Six mois après, les tentes ont déjà des allures vétustes et prennent l'eau. Mais le plus insolite, dans ce télescopage du temps, est bien la présence d'un restaurant chinois et d'une brasserie européenne. La pestilence de rudimentaires WC s'insinue dans une soupe *won ton*, les effluves de détritus agrémentent un magret de canard, une mouche termine son vol gluant sur la fine croûte d'une crème brûlée.

Nous nous faisons à tout (ONG et communauté internationale comprises).

Dans la ravine derrière chez moi, la population a sensiblement augmenté. Le bruit aussi. Aux fans de musique *compas*, ragga, rap ou créole est venu s'ajouter un inconditionnel de *trey*, musique ramenée de la frontière haïtiano-dominicaine et qui se joue sur une guitare à trois cordes. La maison dont la construction avait repris dès le 15 janvier sans souci des nouvelles consignes est quasiment achevée.

Trois événements m'ont indiqué que l'ordinaire des jours très ordinaires tissait sa toile : la réouverture des écoles, les rencontres éliminatoires de la Coupe du monde et la veillée.

Certaines écoles n'ont pas attendu les autorisations des pouvoirs publics et ont repris dès février. C'est par la radio, un soir de février, que j'ai appris qu'à Petit-Goâve une école avait rouvert ses portes. Une des premières à l'avoir fait. Les parents, les professeurs et les enfants disaient combien l'école était pour eux un retour à la vie. Dans ce pays, les portes d'une école sont les portes de la vie. En toile de fond, on entendait le rire des enfants. Quelques semaines plus tard, j'ai rencontré Lissa, une des jeunes du camp de Pétion-Ville Club, à son école, son uniforme impeccablement repassé. Il m'était difficile d'imaginer ce que cela pouvait représenter d'efforts, quand on habite sous une tente, de sortir tous les matins avec un uniforme impeccable. J'ai tout de suite pensé à la mère de Lissa. J'ai écrit, il y a quelque temps, à propos du bidonville derrière mon mur : « Rien qu'à leur regard, on sait que les mères commencent à imaginer comment elles prépareront un repas à tout ce monde. Ou, au pire, comment elles tromperont leur faim. La survie consiste à défier les règles mathématiques. Ici, un et un ne font pas deux, mais cinq *. » Privée de moyens, la mère de Lissa défie certainement tous les jours les règles de l'organisation élémentaire dans un espace si réduit. Toujours dans le bidonville derrière la maison, les enfants ont recommencé à étudier à haute voix, en français, une langue qu'ils ne parlent pas. À se faire rosser par des parents qui visiblement continuent à en vouloir à des gens qui sont trop loin d'eux. Alors les petits paient. Une femme paie aussi, et hurle sous les coups répétés d'un époux ivre. Insoutenable.

En pleine nuit, des cris. Le lendemain, une agitation peu coutumière. Une bâche bleue (elles sont presque toutes de cette couleur) est installée sur le toit d'une maison, et les joueurs de dominos ont placé leurs chaises et leur table dessous. Jusque-là je ne voyais pas les joueurs, je les entendais seulement en contrebas, à présent j'allais les voir, entendre de plus près le bruit des pions et les interminables discussions du réveil au coucher. Adieu la tranquillité. Mais à

---

* *Libération*, « Gomorra à la haïtienne », samedi 20 décembre 2008.

la tombée de la nuit, quand la rumeur des voix s'est gonflée, entrecoupée des cris des pleureuses, j'ai compris qu'il s'agissait d'une veillée. L'un des premiers morts qui ne s'en allait pas *sans bruit sans compte*. Je suis presque soulagée de ce retour à la vie par la célébration de la mort. La vie reprend vraiment son cours, puisqu'on enterre les morts comme il se doit. Je m'endors ce soir-là au milieu des chants du rituel vaudou et des rires des conteurs.

Au moment des éliminatoires de la Coupe du monde, les commentaires d'un chroniqueur sportif m'ont définitivement convaincue du retour de la vie, par le retour de la dérision, ce pied de nez au malheur que nous pratiquons si bien. Je n'ai pas tout de suite compris qu'en évoquant le *goudougoudou*, nom populaire donné au tremblement de terre, il parlait de Messi, le footballeur argentin, dont les dribbles et le jeu étaient à ses yeux aussi implacables pour ses adversaires qu'un séisme. Je n'ai pu m'empêcher de rire à gorge déployée. Peu de temps après, entre la fin du mois de juin et le début de juillet, la Coupe du monde a fait oublier pendant quelques semaines les souffrances de l'heure. Mais vraiment. Car qui n'a pas encore vu le soutien déchaîné, éperdu, des Haïtiens pour l'équipe brésilienne ne sait pas encore tout à fait ce qu'est le fanatisme.

Dans les rues, les handicapés sont bien plus nombreux. Beaucoup mendient non loin des feux de signalisation où les voitures s'arrêtent. On les reconnaît à leurs béquilles neuves. Aux vêtements que portent certains d'entre eux, on devine le déclassement de petites gens qui avaient un emploi et qui l'ont perdu suite au séisme ou à cause de leur handicap. Je pense à ce jeune de vingt-six ans à qui j'ai posé la question au feu rouge en haut de Delmas, avant le cimetière de Pétion-Ville. À ce garçon de sept ans dans le camp de Dampus, à Léogâne, qui participait avec ses camarades à la première animation de la bibliothèque-pilote. Dieu que ce 12 janvier nous a fait mal !

La commission intérimaire chargée de coordonner l'aide a du mal à démarrer et semble attendre l'international pour le faire, alors que l'international attend qu'elle démarre pour se manifester. Un jeu qui dit bien l'ambiguïté de cette communauté internationale vis-à-vis de nous, ainsi que nos limites manifestes pour la gouvernance de cette reconstruction comme pour la gouvernance tout court. Clinton a dit haut et fort sa frustration de constater la lenteur des décaissements six mois après le séisme. Seuls le Brésil et la Norvège ont tenu leurs promesses jusque-là. Deux hommes très riches, un Mexicain et un Canadien, ont mis la main à la poche et ont fait don de vingt millions de dollars.

Les ONG ont en revanche obtenu gros, et dix pour cent d'entre elles ont raflé quatre-vingt-dix pour cent des sommes globales allouées. Alors que leurs actions, pour la plupart, ne sont ni contrôlées ni coordonnées par l'État. Il existe encore des gens dans la fonction publique, dans la société civile et dans d'autres secteurs, qui essaient de donner le change. Mais existe-t-il au monde un exemple plus frappant de savane sciemment organisée ? Une réunion a finalement eu lieu le 18 août. Quelques projets ont été définis, mais l'argent tarde encore... C'est dire si la sortie de l'amnésie a été brève, le temps de l'électrochoc du 12 janvier et c'est tout. Tous les prétextes sont bons pour expliquer le retard des décaissements ou simplement l'affectation des fonds à autre chose. Roody a raison d'avoir rappelé que « ce bouche-à-bouche artificiel n'a jamais réanimé aucune société malade du sous-développement. Le sous-développement est un genre de pathologie qui provoque une sorte d'accoutumance vis-à-vis de l'aide et installe la dépendance *. » Autant dire que nous sommes devenus à la longue des camés, dépendant d'une cocaïne, d'un *crack*, qui s'appelle l'aide internationale. La reconstruction, la vraie, supposerait un accompagnement de qualité venu d'ailleurs (car nous avons besoin d'aide) mais précisément pour une cure de désintoxication, qui passerait par les affres du sevrage avant le long chemin vers la dignité. On en est encore loin.

En revanche beaucoup de citoyens du monde, anonymes, restent encore mobilisés, s'interrogent, agissent et veulent

---

* Roody Edmé, « Empathie versus sympathie ! », *AlterPresse*, 20 avril 2010.

continuer à le faire. Le décalage entre les instances de l'aide internationale et les citoyens du monde est ahurissant. Reste la question du cadre dans lequel ces actions citoyennes doivent s'inscrire. Qui localement en définira un à ces interventions ?

J'avais pensé, à cause du statut particulier d'Haïti dans l'histoire mondiale, que la communauté internationale saisirait l'occasion du séisme pour repenser la logique de l'aide. Eh bien, je me suis trompée. Si Haïti fut « le lieu où le nœud du colonialisme fut noué pour la première fois, et pour la première fois dénoué [*] », celui de l'aide ne sera pas dénoué ici.

Ce matin je suis partie vers Léogâne pour visiter à nouveau les deux camps où seront installées des bibliothèques, l'une à Dampus, l'autre à Darbonne. C'est un projet financé par la coopération française et soutenu par Bibliothèques sans frontières. Ces camps sont tenus par de jeunes Haïtiens : Rochnel pour Dampus et James pour Darbonne. Toujours la même désolation, et cette certitude qu'elle va durer. Mais toujours cette détermination des jeunes qui veulent malgré tout compter les doigts du soleil. Les embouteillages de Carrefour et de Martissant sont toujours un casse-tête entre boue et crevasses. Une partie du tronçon est en réfection depuis des mois. Ce qui complique à souhait la circulation. À l'aller comme au retour. Dans la voiture je pense à

---

[*] Laurent Dubois, op. cit.

ces trente-sept candidats inscrits pour la course présidentielle. Lequel sera capable de faire que cette route ne soit plus un cauchemar ? Lequel proposera de faire sortir deux des neuf millions d'Haïtiens de la pauvreté au cours de son mandat ? Lequel s'attaquera résolument au problème de l'environnement ? À celui de la démographie galopante ? Qui s'attaquera de front au système judiciaire ? Lequel changera la donne de l'éducation ? La donne linguistique ? Pour une éducation de qualité, en phase avec son époque mais avec des contenus visant à donner confiance en soi. Dans un pays où la langue créole elle-même véhicule les éléments sémantiques de l'exclusion, lequel favorisera l'émergence de nouveaux créateurs de richesses dans toutes les couches sociales, afin que l'on ne dise plus qu'en Haïti l'argent a une couleur de peau ? Afin que nous ne projetions plus l'image d'un apartheid ? Lequel créera de nouveaux débouchés dans l'agriculture, la pêche, l'industrie ou les services ? L'imaginaire collectif, et particulièrement celui des jeunes, a un besoin urgent de ces coups de fouet là. La reconstruction ne saurait être simplement celle des bâtiments et des rues.

L'institution électorale a encore un long chemin à parcourir pour gagner la confiance des citoyens. Et les partis sont dans l'incapacité de mobiliser. Pour les raisons que nous connaissons. Or, en l'absence de véritable base sociale, « le personnel politique roulera dans le vide et finira par se coller comme de la limaille de fer à l'aimant des forces d'argent qui ont toujours arbitré au détriment de l'ensemble de la nation le jeu politique *. » Et aujourd'hui que le licite et l'illicite font bon ménage, les forces d'argent sont celles aussi bien du commerce et de l'industrie que de la contrebande des PDG de la drogue/PDG de la mort et autres affairistes, tous unis pour mieux dépecer le cadavre. Elle irrigue les milieux de la justice (j'ai bien dit de la justice), de la musique, de la politique, et j'en passe.

Le couple licite/illicite a aussi bien compris qu'en pays de défiance séculaire, les jeunes, futurs électeurs majoritaires et sans avenir, préfèrent la garantie d'une jouissance immédiate, même illusoire. Ils préfèrent les feux de paille fusionnels comme les concerts de musique, le *bòz* et le *pay* **, plutôt que les promesses d'un bonheur qui n'arrivera jamais. Le couple licite/illicite tente aujourd'hui d'entretenir le terrain encore fertile du populisme sous la forme nouvelle du jeunisme.

Que dire de la candidature de Wyclef Jean, sinon qu'elle s'inscrit dans l'air du temps. Dans ce vide de la désespérance des jeunes urbains, où tout peut s'engouffrer. Mais Wyclef Jean fait bien moins peur aux élites que certains intellectuels et non-intellectuels d'ici et de la diaspora veulent le faire croire. Il y a belle lurette que les élites reçoivent ces vedettes

---

* Roody Edmé, « Les Défis de la reconstruction », *AlterPresse*, 15 février 2010.
** Noms populaires de la marijuana.

dans leurs salons, sur leurs bateaux, dans leurs villas au bord de la mer ou à la montagne. Brandir cette candidature comme un épouvantail peut faire frétiller quelques personnes, mais c'est un cliché éculé, dépassé. Et puis, le véritable enjeu est-il de faire peur, ou de changer les choses ? Si la seule obsession de Lula avait été de faire peur, je ne pense pas qu'il aurait sorti vingt millions de Brésiliens de la pauvreté. Son souci premier était de changer les choses. Ce qui le plaçait d'emblée à une certaine hauteur de vue pour réaliser ce saut qualitatif et historique.

À la veille d'élections cruciales, nous sommes peut-être en passe de donner un nouveau visage à un populisme plus anciennement ancré, sorte de convergence du duvaliérisme et de Lavalasse * (tendances lourdes qui précisément nous plombent depuis trop longtemps). Duvaliérisme et Lavalasse sont nés du même moule culturel, de la même conception du pouvoir et du chef, et du même binôme indépassable du maître et de l'esclave. Leur postulat de départ, celui du constat d'une grande exclusion, est juste, mais leurs réponses sont erronées et contre-productives, et nous valent d'être là où nous sommes aujourd'hui. La citoyenneté est encore loin. Très loin.

Le pouvoir en place a-t-il la capacité de mobiliser ? Pas sûr. À travers les structures de l'appareil administratif,

---

* Mouvement qui a porté l'ex-président Aristide au pouvoir.

celles de l'appareil électoral et l'injection d'argent, peut-être parviendra-t-il à susciter dix pour cent de participation. Ce qui vaut pour l'opposition vaut donc pour le pouvoir en place. Le jeu reste ouvert. Très ouvert. Tout est possible.

Il existe des mutants dans toutes les couches et catégories sociales (les paysans, les jeunes, le secteur économique, le secteur politique, les femmes, les organisations locales, les fonctionnaires), qui tout simplement n'acceptent pas de s'inscrire dans les règles du jeu traditionnel. Qui s'engagent quotidiennement « le cœur brûlant » et savent « faire à la modération sa juste place ». Toute la question est de savoir comment fédérer ces mutants. Quelle structure mettra en œuvre une dynamique capable de rassembler ? Une dynamique capable de porter un projet où le souhaitable et le possible se rencontrent quelque part ?

Pendant la semaine, trois nouvelles. La première est que la faille qui s'est activée n'est pas la faille d'Enriquillo, mais une faille inconnue jusque-là, appelée faille de Léogâne. Que de hasards géologiques pour vingt-sept mille kilomètres carrés ! La deuxième est qu'un hommage posthume a été rendu à Gina, qui avait fait de la cartographie géo-spatiale une passion. La troisième est qu'enfin on a officiellement désigné l'emplacement de la nouvelle université d'État d'Haïti. Ce changement de lieu devrait en principe présager un changement total d'orientation, d'organisation et de contenu, et la fin des caciquats. Ces deux dernières nouvelles atténuent la mauvaise.

À la pause de midi, j'ai quitté la formation des jeunes, futurs animateurs des bibliothèques, pour visiter l'exposition du peintre Killy aux Ateliers Jérôme. J'aime les plasticiens aux obsessions aussi marquées que Killy. Une tête aux yeux aveugles, déclinée sur une quinzaine de toiles, nous interroge et finit très vite par nous habiter, nous, visiteurs de cette exposition. Le corps mutilé, répété sur cinq toiles, achève cette interrogation très physique et métaphysique à la fois. Rouge, noir et blanc. L'économie extrême des couleurs supporte l'économie essentielle de l'interrogation. Malgré le plaisir que j'ai eu à découvrir la touche de plus en plus affirmée de Killy, je dirais, contrairement à un discours très en vogue, que la production artistique ne nous sauvera pas. Le répéter, c'est nous inscrire dans la logique d'une séduction aujourd'hui stérile. « Haïti, un peuple qui souffre mais qui danse, chante, peint et écrit un français formidable. » Le moment historique demande autre chose. Un projet de société. Une autre manière de faire de la politique, de produire, et de tisser de nouveaux rapports entre les gens. Il faudra sauvegarder le patrimoine et accompagner les artistes.

Je ne suis pas en train de tirer une balle dans le pied de l'écrivain que je suis. Parce que ce qui naîtra de là ne nous empêchera en rien d'écrire, de peindre ou de danser.

Nous le ferons peut-être autrement, peut-être serons-nous moins exotiques. Je n'en sais rien. Mais je sais que j'éprouverai un immense soulagement à ne plus évoquer « la santé du malheur ».

Couchée sous un arbre entre ciel et sable, je me suis dit : à quoi bon finalement tous ces mots ? Peut-être que tout cela n'a pas eu lieu. Peut-être que tout ce qui est écrit là n'est qu'une histoire inventée pour tirer des larmes faciles ou faire monter une colère comme un lait qui bout. De toute façon, larmes et colères seront balayées le temps que le monde tel qu'il va nous tire inexorablement vers la pesanteur du déni, de l'accoutumance et de l'oubli. À moins que nous ne rejoignions le camp des railleurs qui se répandent en moqueries dès que l'on évoque la notion même d'urgence de fond. Ceux-là ont fait de la dérision, de la désinvolture et du cynisme leur pain quotidien.

P. me rappelle que le doute est une bonne chose. Je pense à ce double qui nous accompagne dans l'acte d'écrire et qui quelquefois nous abandonne en chemin pour aller plus loin et plus vite que nous.

Je regarde les nuages s'amonceler à l'horizon. La terrible saison cyclonique annoncée n'a pas encore eu lieu. Nous la redoutons et l'attendons.

Dans ma tête, une pluie d'août tombe sans fin, sans fin.

31

JE NE SAIS PAS ENCORE

LA PORTE S'OUVRIT sur une salle tous stores baissés et plongée dans la pénombre. Nuit qui n'en est pas encore une. Ombres douces jetées sur ces images éblouissantes et dures de la ville en contrebas, dans le lointain, et qui auraient, qui sait, empoisonné jusqu'à leurs étreintes. Nathalie fait entrer Guillaume le premier. Il avance à peine. Nathalie ferme la porte et, quand elle se retourne, Guillaume lui saisit la nuque. Elle se hisse sur la pointe des pieds, et il l'embrasse à pleine bouche.

Entre leur projet dans une commune du Plateau Central et leurs émois sur les hauteurs de Pacot, je ne sais pas encore ce qu'il adviendra de Nathalie et de Guillaume.

TABLE DES MATIÈRES

Achevé d'imprimer en janvier 2017 par l'imprimerie F. Paillart à Abbeville
N° d'imprimeur : 15577 - Dépôt légal : mars 2017
ISSN : 2428-0658 - ISBN : 978-2-84805-219-9 - *Imprimé en France*